La Mente Reenfocada En Cristo

Mónica E. Mastronardi de Fernández

Iglesia del Nazareno
Región Mesoamérica

·DISCIPULADO·
abcde
crecimiento en santidad

Nivel C - Crecimiento en Santidad
Jóvenes/Adultos

Título: La Mente Reenfocada en Cristo

Libro de "Discipulado ABCDE"
Etapa C - Crecimiento en santidad
Serie: Llenos del Espíritu
Guía de estudio para Jóvenes/Adultos

Autor: Mónica Mastronardi de Fernández
Edición: Dra. Mónica Mastronardi de Fernández
Revisores: Jerald Rice, Dorothy Bullón, Rubén E. Fernández

Con la colaboración de:
Febe Sarmiento de Ceballos (lección 2).
Dorothy Bullón (lección 7 y 12).
Ruthie Córdova (Lección 8)
Miguel Ángel Ceballos (lección 11)

Primera edición 2008
2da Edición y actualización 2017

Material producido por: Iglesia del Nazareno, Región Mesoamerica
Ministerio de Discipulado y Escuela Dominical http://mesoamericaregion.org/es/tag/miedd-2/

Publica y distribuye
Asociación Región Mesoamérica
Av. 12 de Octubre Plaza Victoria Locales 5 y 6
Pueblo Nuevo Hato Pintado
Ciudad de Panamá
Tel. (507) 203-3541
E-mail: literatura@mesoamericaregion.org

ISBN: 978-1-63580-066-1

Diseño: Juan Manuel Fernández.Ga (www.juanfernandez.ga)
Imagen de portada por Steve Tolcher
Imágenes de portada usada con permiso bajo licencia de Bienes Comunes (Abstracto/Quito)

Impreso en EE.UU.

Índice de Contenidos 111

Presentación

La vida del cristiano es un caminar continuo en el proceso de discipulado, en el cual nuestro ser entero es moldeado conforme al carácter de Jesucristo por el Espíritu Santo. Todos los que hemos "nacido de nuevo" necesitamos participar de este proceso de formación para que podamos llegar a ser cristianos maduros y santos en todas las áreas de nuestra vida.

Este volumen que lleva por título: *La mente reenfocada en Cristo* y es el segundo de una serie de tres volúmenes que completan los estudios básicos para el nivel C del plan de Discipulado ABCDE de la Iglesia del Nazareno en la Región Mesoamérica. La serie lleva por nombre: *Llenos del Espíritu* y abarca 9 meses de estudios. Cada libro contiene 13 lecciones de discipulado enfocadas en las necesidades de consolidación y crecimiento de las personas que han sido incorporadas recientemente a la membresía de la iglesia local.

Estas lecciones se han escrito pensando en el maestro discipulador y en la forma en que él o ella debe instruir al grupo de nuevos miembros, a fin de que la enseñanza sea interesante, dinámica y aplicable a sus vidas. Estos libros presentan la doctrina y la práctica de la vida de santidad en un lenguaje sencillo, práctico y a la vez conectado con las ideas del mundo contemporáneo. La vida santa se estudia enfatizando:

a. Los cambios naturales y progresivos que son producidos en el cristiano, como resultado de la acción del Espíritu Santo en su vida; cambios que son observables no sólo por él mismo, sino por todos cuantos le rodean.

b. La vida llena del amor de Dios como requisito indispensable para servir al Señor y a nuestros semejantes.

c. La transformación progresiva y total de la vida del cristiano conforme al modelo de Jesucristo.

Este segundo libro de la serie: *La mente reenfocada en Cristo*, tiene el propósito de guiar al creyente a identificar algunos aspectos pecaminosos que pueden estar presentes en su forma de pensar y en la manera de pensar del mundo que le rodea, para que pueda renunciar a ellos y aprender a pensar como Cristo. Cada lección presenta una nueva oportunidad para que Dios continúe obrando y transformando la mente, los afectos y el estilo de vida del discípulo de Cristo, por medio del estudio de la enseñanza bíblica, ejemplos e ilustraciones, ejercicios de auto evaluación, reflexión, toma de decisiones y el establecimiento de nuevas metas para el crecimiento espiritual.

Es mi oración que estas lecciones ayuden a los miembros de nuestras iglesias a comprender y vivir más al estilo de vida santa de nuestro amado Salvador Jesucristo.

Rev. Monte Cyr
Coordinador de Ministerios de Discipulado
Región Mesoamérica

III ¿Qué es el Discipulado ABCDE?

En la Iglesia del Nazareno creemos que hacer discípulos a imagen de Cristo en las naciones es el fundamento de la obra misional de la Iglesia y la responsabilidad principal de su liderazgo (Efesios 4:7-16). La labor de discipulado es continua y dinámica, es decir el discípulo nunca deja de crecer a semejanza de su Señor. Este proceso de crecimiento, cuando es saludable, ocurre en todas dimensiones: en la dimensión individual (crecimiento espiritual), en la dimensión corporativa (incorporación a la congregación), en la dimensión santidad de vida (transformación progresiva de nuestro ser y hacer conforme al modelo de Jesucristo) y en la dimensión servicio (invertir la vida en el ministerio).

El plan de discipulado ABCDE ha sido diseñado para contribuir a la formación integral de los miembros de las iglesias del Nazareno en la Región Mesoamérica. En el año 2001 comenzó la publicación de materiales para cubrir todos los niveles. Los tres libros de la serie Llenos del Espíritu corresponden la serie básica para el Nivel C y han sido diseñados para aquellos que habiendo pasado por los anteriores niveles de discipulado con los materiales Nueva Vida en Cristo y Claves para la vida cristiana abundante (Nivel B1 y B2), han sido incorporados a la membresía de la iglesia.

Los libros de la serie Llenos del Espíritu tienen el propósito de guiar al nuevo miembro de la iglesia en su formación integral a semejanza de Jesucristo. Mientras avanza en el estudio de éstos materiales el cristiano o cristiana va descubriendo aquellas áreas de su vida que Jesucristo quiere transformar, para que el Espíritu Santo de amor pueda llenar todo su ser. La vida llena del Espíritu es el requisito indispensable para que cada hijo o hija de Dios pueda realizar el plan especial que Dios tiene para su vida.

·DISCIPULADO·
abcde
iglesia del nazareno

Dra. Mónica Mastronardi de Fernández
Editora General Discipulado ABCDE
Iglesia del Nazareno - Región Mesoamérica

· DISCIPULADO ·
abcde
iglesia del nazareno

Nivel A | Acercamiento

Evangelismo.

Nivel B | Bautismo y Membresía

Discipulado para nuevos creyentes.

Nivel C | Crecimiento en Santidad

Discipulado "Llenos del Espíritu."

Nivel D
Desarrollo Ministerial

Escuela de Liderazgo.

Nivel D
Desarrollo Profesional

Carreras especializadas en instituciones teológicas.

Nivel E | Educación para la Vida y el Servicio

Crecimiento integral a semejanza de Cristo.

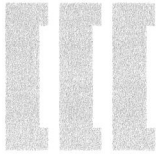

¿Cómo usar este libro?

El libro que tiene en sus manos pertenece a una serie de 3 volúmenes sobre el tema "Llenos del Espíritu". Los libros se han diseñado para ser estudiados en el siguiente orden:

1. La vida llena del Espíritu
2. La mente reenfocada en Cristo
3. La vida llena de fruto

El objetivo de esta serie es ayudar a los miembros de las iglesias del Nazareno a conocer la enseñanza bíblica sobre la vida santa y llevarla a la práctica en su diario vivir, a fin de crecer a semejanza de Jesucristo.

¿Cuánto tiempo abarca el estudio del libro?

Cada libro contiene 13 lecciones. Si puede estudiar una por semana el estudio completo tendrá una duración de 3 meses. Algunos grupos por cuestiones de tiempo prefieren ir más despacio y dedicar dos semanas al estudio de cada lección. En ese caso el estudio del libro llevará 26 semanas (unos 6 meses). Recuerde que el objetivo del discipulado no es correr para completar un libro, sino crecer a la semejanza de Jesucristo, y para crecer necesitamos estudiar, comprender y llevar las nuevas enseñanzas a la vida. De manera que planificar el tiempo para el estudio de cada libro con anterioridad es muy importante, para asegurar el aprendizaje progresivo de los discípulos.

Por su diseño didáctico los libros se pueden utilizar en diferentes modalidades, ya sea en grupos pequeños o bien en clases de un mayor número de personas.

¿Qué contienen las lecciones?

Cada lección contiene lo siguiente:

- Objetivos: Se formulan los objetivos de aprendizaje que se espera que el alumno alcance al terminar el estudio de la lección.

- Recursos: Se incluyen ideas para ilustrar y hacer más interesante el aprendizaje.

- Introducción: Se introduce el tema de estudio de manera interesante para despertar el interés y la participación de los alumnos.

- Estudio bíblico: Esta es la sección mas extensa pues es el desarrollo de los contenidos de la lección. Estas lecciones se han escrito pensando en que el libro es el maestro, por lo que su contenido se expresa en forma dinámica, en lenguaje sencillo y conectado con las ideas del mundo contemporáneo. En esta sección se incluyen notas al maestro para recordarle los ejercicios de la Hoja de Actividades que los alumnos deben ir completando a medida que se desarrollan los contenidos de la lección.

- Resumen de la enseñanza principal de los pasajes estudiados: En un recuadro al final se provee un resumen breve de lo aprendido en la lección. Este resumen es muy útil para usar al final de la clase como cierre y/o en la siguiente sesión para recordar los temas tratados.

- Definición de términos claves: Ésta sección tiene el propósito de aclarar o ampliar el significado de algunos términos que contiene la lección.

- Hoja de actividades: Al final de cada lección se ubica esta página con actividades de aprendizaje individuales o grupales relativas al tema estudiado. El diseño de ésta página permite hacer copias para los estudiantes, aunque lo más recomendable es que cada participante tenga una copia del libro.

- Lecturas recomendadas: Al final de la Hoja de Actividades se incluyen lecturas bíblicas relativas a los temas estudiados, que alumnos y maestro pueden usar en sus devocionales durante la semana.

¿Cuál es el rol del alumno?

El alumno es responsable de:

1. Adquirir el libro y estudiar cada lección antes de cada clase. Esto es lo más recomendable, dependiendo de las posibilidades de cada iglesia.

2. Asistir puntualmente a las clases.

3. Participar en las actividades en clase completando la Hoja de Actividades.

4. Poner en práctica en su vida las enseñanzas de la Palabra.

¿Cuál es el rol del maestro o maestra del curso?

1. Prepararse con anterioridad estudiando el contenido de la lección y programando el uso del tiempo en clase. Al estudiar la lección deberá tener a mano la Biblia y un diccionario para consultas. Pondrá atención al vocabulario que se usa en las lecciones, para explicar en palabras sencillas lo que considere de difícil comprensión a sus alumnos y alumnas.

2. Permitir que el Espíritu Santo transforme su vida y poner en práctica las enseñanzas que son nuevas, a fin de ser ejemplo a sus alumnos.

3. Orar cada día para que los objetivos de cada lección se hagan realidad en la vida de sus discípulos y discípulas. Orar por las necesidades específicas de cada uno de ellos y ellas.

4. Sacar copias de la Hoja de actividades para todos los alumnos. Completar las actividades con anterioridad para familiarizarse con los ejercicios.

5. Preparar los recursos didácticos con suficiente antelación.

6. Relacionarse con los discípulos y discípulas fuera de clase. Éstas lecciones tienen el objetivo de transformar la vida de las personas conforme al modelo de Jesús. Converse con ellos y ellas para conocer cómo están aplicando en sus vidas las enseñanzas y para saber cómo puede ayudarles.

¿Cómo enseñar una clase?

La duración de una lección tiene un tiempo estimado de 90 a 120 minutos dependiendo de la cantidad de alumnos y su participación. Si hay copias suficientes del libro los alumnos podrán leer la lección con anterioridad.

En el desarrollo de la lección se incluyen indicaciones para las actividades en que los alumnos participan, tales como lecturas de la Biblia, preguntas de discusión o ejercicios para completar de la Hoja de Actividades.

Ya sea que escojan estudiar una lección por semana o una lección en dos semanas, recomendamos distribuir el tiempo de la siguiente manera (para 90 minutos de clase):

- 5 minutos: Bienvenida, enlace con el tema de la lección anterior y orar juntos.
- 10 minutos: Introducción al tema de la lección.
- 60 minutos: Desarrollo de la lección. Se recomienda usar medios visuales como pizarra, gráficos, dibujos, objetos, láminas, entre otros y fomentar la participación de los estudiantes por medio de preguntas; asignar a los alumnos que presenten una parte de la lección, etc.
- 10 minutos: compartir testimonios y tiempo de oración por los asuntos surgidos en la lección (desafíos, situaciones personales, problemas, metas, agradecimiento, entre otros).
- 5 minutos: Anuncios, despedida y saludos.

Los frutos de la mente egoísta
LECCIÓN 1

Objetivos de la lección

Que el alumno...

- Comprenda como la mente egoísta es causa de conflictos en la vida del cristiano.
- Identifique sus propios deseos que pueden estar en pugna con los de Cristo.
- Reflexione sobre el significado de poner el reino de Dios sobre todas las demás cosas.
- Renuncie a los deseos que se oponen a la voluntad del Señor.

Recursos

- Varias Biblias o Nuevos Testamentos en versiones sencillas o copia de los textos de Santiago 5:17 y Gálatas 5:22-23 en 2 o 3 versiones sencillas, como ser Versión en Lenguaje Actual, Dios habla hoy, Nueva versión Internacional, entre otras.
- Diccionarios.
- Diccionarios de sinónimos y antónimos.

Introducción

En el trimestre anterior estudiamos que la vida del cristiano lleno del Espíritu es una vida de crecimiento constante en la cuál se aprende paso a paso a vivir como Cristo. Este desarrollo implica ser moldeados a semejanza de Cristo en nuestra mente, en nuestros afectos (corazón) y en nuestra conducta.

Este crecimiento no es fácil porque el cristiano lleno del Espíritu vive su vida entre dos mundos que se oponen a Cristo. Uno es el mundo exterior, por el cuál Jesús oró para que no seamos arrastrados por sus impetuosas corrientes.

···o Pida a un alumno que lea Juan 17: 14-17

En esta oración Jesús intercede por cada uno de sus discípulos para que reciban fortaleza de parte de Dios para vencer en las tentaciones que se presentan a diario en esta vida.

También hay otro mundo contra el cuál lucha el cristiano. Es el mismo mundo exterior, pero que se ha adherido a su forma de vivir.

···o Pida a otro voluntario que lea Efesios 4:22-24

Como vemos, el proceso de santificación que ocurre luego de la llenura del Espíritu en la vida del cristiano, no sólo consiste en rechazar las tentaciones que vienen del exterior, sino en ser completamente también "renovado en el espíritu de nuestra mente", para llegar a tener una mente semejante a la de Cristo.

▌▌▌ Pregunte a la clase:

¿Por qué será tan importante llegar a tener una mente semejante a la de Cristo? ▌▌▌

El propósito general de este trimestre es ayudarnos a identificar algunos aspectos pecaminosos que pueden estar presentes en nuestra manera de pensar y en la manera de pensar del mundo que nos rodea, para que podamos renunciar a ellas y aprender a pensar como Cristo.

En esta lección introductoria vamos a ver cómo se diferencia la mente que piensa como el mundo de la mente que piensa como Cristo. Identificaremos los frutos o lo que aflora en la vida exterior de la persona que piensa de esta manera. Luego, en las sucesivas lecciones de este trimestre, analizaremos uno por uno algunos de los frutos de la mente contraria a la de Cristo, para pasar a ver en el próximo trimestre los frutos de la mente semejante a la de Cristo.

Estudio Bíblico

1. Una mente en desorden

·····························○ **Pida a un alumno que lea Santiago 3:18 a 4-3**

·····························○ **Luego pida a los alumnos que completen la actividad 1.**

En este pasaje Santiago dice claramente que en la mente del cristiano hay enfrentamientos que son como una guerra. Para describir esta guerra se emplean palabras en el griego original que describen a pequeños grupos peleando, semejante al tipo de guerrillas. No es una guerra en un campo abierto, en el cuál es fácil de identificar al ejército enemigo, sino pequeños intentos que luchan en contra de la voluntad de Dios y que tratan de debilitar nuestras defensas espirituales.

Es difícil señalar en nuestra vida de dónde vienen estos conflictos, sin embargo Santiago lo dice claramente: "de vuestros placeres", señalando como culpables a los deseos y a las cosas que anhelamos en nuestra vida. Identificar estos deseos egoístas no es fácil, pero es necesario, ya que en ocasiones podemos encontrarnos pidiendo a Dios cosas buenas pero con fines egoístas.

Los deseos que impulsan nuestra vida se generan en nuestra mente. La manera de pensar del mundo es egoísta y responde al pecado, rebelándose contra Dios y sus planes. La perspectiva de la mente egoísta del mundo es el yo. Toma las decisiones de su vida preguntándose: ¿Qué beneficio tengo yo de esto? ¿Quién suplirá mis necesidades? ¿Cuándo tendré esto que deseo? El cristiano lleno del Espíritu Santo no se ha librado por completo de esta forma de pensar y puede que en ocasiones su mente quiera volver a funcionar en esta esfera motivada por la ambición egoísta y el orgullo. La diferencia es que ahora el Espíritu Santo confronta en nuestra mente estos intereses egoístas y nos muestra una nueva perspectiva ordenada de ver la vida con la mente de Cristo.

La mente egoísta es la antigua mente en desorden, la mente del hombre viejo.

·····························○ **Pida a los alumnos que vean el gráfico en la actividad 2.**

Los deseos que gobiernan en esta mente tienen cuatro grandes raíces:

1. **Auto suficiencia:** temor, incredulidad, excesiva con anza en sí mismo. Lleva a la persona creer que siempre tiene la razón.

2. **Auto idolatría:** orgullo, adoración de sí mismo. Este es un sentido de superioridad, un exceso de autoestima que conduce al ser humano a exagerar su importancia y sus virtudes. Como se ama desmedidamente a sí mismo busca satisfacer sus deseos a cualquier costo.

3. **Autogobierno:** desobediencia, rebelión. Se opone al carácter humilde y a la actitud de siervo que Dios quiere cultivar en nosotros. Se resiste a aceptar la corrección y la amonestación cuando ha obrado mal, porque tiende a justificar sus actos, poniendo excusas o poniéndoles el disfraz de "lo hice por una buena causa".

4. **Autocomplacencia, sensualidad, malos deseos.** Lleva a la pereza, y a satisfacer los deseos de la carne, rechaza la disciplina.

En el cristiano hay una tentación frecuente a querer guiar el destino propio, a controlar nuestro propio mundo, a ser nuestro propio dios. La tentación del orgullo siempre estará presente tratado de robarle a Dios el lugar que le hemos dado como Señor de nuestra vida. Procurará llevarnos fuera de la obediencia a Dios para que retomemos el control de nuestra propia vida. En el versículo 3 Santiago dice claramente que hay cristianos que inocentemente se dejan llevar por estos deseos egoístas y quieren hacer a Dios copartícipe de ellos. Sin embargo, Dios no escucha este tipo de oraciones, y a menos que entendamos el por qué, podemos llegar a enojarnos con Dios.

Veamos por ejemplo la lista de deseos que hizo un hermano (escriba la lista en la pizarra). Estos deseos están en orden de prioridad, o sea lo que quiere tener primero en el número 1 y así sucesivamente:

1. *Un par de zapatos nuevos*

2. *Una lavadora de ropa*

3. *Que honre a Dios por medio de mis lecciones de discipulado.*

4. *Un deseo insistente…*

5. *Tener más confianza en que Dios tiene los problemas en sus manos.*

6. *Un televisor nuevo más grande*

Los primeros dos deseos se debían a que había estado sin trabajo fijo por dos años y necesitaba esto. Pero sintió vergüenza de poner en tercer lugar de la lista el honrar a Dios en lugar de ponerlo primero.

Cuando le preguntaron de qué se trataba el número 4, no dijo que era, pero sí que era un deseo que volvía frecuentemente a su vida. Tratar de resistirlo se había convertido para él como tratar de resistir rascarse cuando pica.

El número 5 lo anotó porque admiraba esta cualidad en un amigo de la iglesia y realmente deseaba tener esa confianza que su amigo tenía.

El sexto deseo le sorprendió porque en su interior creía que había superado el amor por las cosas materiales. Pero se dió cuenta de que todavía deseaba muchas cosas más, así que continuó llenado la página y descubrió que en su lista y en su mente las cosas buenas y malas se entremezclaban y confundían.

2.¿QUÉ ES LO QUE DESEAS?

Una práctica saludable en la vida cristiana es evaluar nuestros deseos. Haz ahora tu propia lista de deseos.

⬥ Pida a los alumnos que completen la actividad 3.

No debemos sentirnos tan mal si encontramos en nuestra lista deseos que surgen de una mente egoísta. Recuerda que ninguno de nosotros es perfecto, pero todos estamos siendo perfeccionados continuamente. Lo importante es reconocer estos deseos que se establecieron en nosotros y que pertenecen a la vida vieja y tomar decisiones al respecto. Cada vez que en tu vida reconoces y cambias algo para que tu vida sea más semejante a la de Cristo, significa que estás creciendo. Cada vez que pasas al altar en tu iglesia en respuesta al llamado del predicador para entregar algo a Dios o volver a entregar algo que se había deslizado un poco del control de Dios, estás creciendo, estás siendo más semejante a Cristo.

......................○ **Pida a un alumno que lea Romanos 7:18-25**

⫼⫼ Invite al diálogo a la clase por medio de estas preguntas: ⫼⫼

- *¿Qué clase de mente describe Pablo? ¿Una mente en desorden dominada por la carne o una mente ordenada dominada por el Espíritu?*

- *¿Qué clase de vida es el resultado de una mente en desorden?*

- *¿Qué clase de vida es el resultado de una mente ordenada?*

- *¿Cómo puede ser el cristiano librado de este conflicto mental según el verso 8:1-2?*

3. LA MENTE SEMEJANTE A CRISTO

⫼⫼ Haga el siguiente grafico en la pizarra: ⫼⫼

	Mente ordenada	Mente desordenada
Dominada por	La voluntad	Los deseos
Decide en base a	La voluntad	Los deseos
Los deseos sujetos a	Cristo	Voluntad

Una mente ordenada, como la mente de Cristo, debe estar dominada por la voluntad. El cristiano espiritual toma las decisiones acerca de qué pensamientos llenarán su mente. Aprende a rechazar los deseos que están en lucha con los deseos de Cristo. Aprende a vivir su vida motivada por los deseos de Cristo: los deseos de Él llegan a ser los suyos. Este cristiano experimenta una libertad progresiva de todo deseo y pensamiento opuesto a la voluntad de Dios.

○**Pida a los alumnos que competen la actividad 4. Felicite a los que marcaron la respuesta "C". Cristo es el que toma la iniciativa y cuando nosotros respondemos positivamente sometiendo nuestros deseos, Él nos da nuevos deseos iguales a los suyos.**

4. ¿CÓMO ES LA MENTE DE CRISTO?

Para librarnos de los deseos que nos impiden ser como Jesús necesitamos conocer como pensaba Jesús y en donde enfocaba sus intereses, pues esto mismo es lo que Él quiere cultivar en cada uno de nosotros. A continuación vamos a conocer 17 virtudes que forman parte de la mente de Cristo que Dios quiere que sus hijos e hijas desarrollen.

..........................○ **Pida a los alumnos que lean Santiago 3:13-17**

En estos versículos Santiago habla de la sabiduría que viene de lo alto, o sea la sabiduría divina. En el verso 17 enlista 8 virtudes todas ellas reflejadas en el carácter de Cristo.

⫼⫼ Escriba la lista en la pizarra a la izquierda bajo el título: ⫼⫼

Virtudes de la mente de Cristo en Santiago

Pura	*Misericordiosa*
Pacífica	*Fructífera*
Amable	*Firme*
Benigna	*Sincera*

Estas ocho virtudes no describen toda la mente de Cristo, pero sí algunos aspectos muy importantes. Estas virtudes armonizan entre sí, se refuerzan las unas a las otras. Veamos ahora la otra lista de nueve virtudes que nos proporciona el apóstol Pablo en Gálatas 5:22-23. No cabe duda que Cristo tenía el Espíritu Santo morando en su vida y los frutos del Espíritu estaban en su mente y eran parte de su forma de ser.

o Pida a un alumno que lea este pasaje y luego escriba la lista de virtudes a la par de las anteriores y en un color diferente.

Virtudes de la mente de Cristo

En Santiago	*En Gálatas*
Pura	*Amor*
Pacífica	*Gozo*
Amable	*Paz*
Benigna	*Paciencia*
Misericordiosa	*Benignidad*
Fructífera	*Bondad*
Firme	*Fe*
Sincera	*Mansedumbre*
	Templanza

||| Pregunte a la clase: ¿Estas virtudes compiten entre sí o con las anteriores? |||

No, por el contrario, el amor produce gozo. Paz y paciencia van de la mano. Todas ellas se complementan y fortalecen las unas a las otras.

Cada una de estas listas de virtudes es completa en sí misma. Si observamos bien notaremos que en la de Pablo, en Gálatas, emplea sustantivos y en la de Santiago se emplean adjetivos. De manera que podemos combinar ambas listas para describir más completamente las virtudes de la mente de Cristo. Por ejemplo podemos decir que Cristo tenía: amor sincero; fe firme, paciencia amable, etc. No hay conflicto entre ellas.

La mente de Cristo es una mente ordenada, integrada, equilibrada. Por el contrario la mente que no es como la de Cristo es una mente desordenada.

·····o Pida a los alumnos que vuelvan a leer Santiago 3:17 y Gálatas 5:22-23 en varias versiones y luego que completen la actividad 5.

5.   EL DESEO SUPREMO DE CRISTO

||| Pregunte a la clase ¿Expresó Jesús alguna vez algún deseo? |||

Veamos unas tres declaraciones que hizo Jesús:

- *A los 12 años dijo: "En los negocios de mi Padre me es necesario estar" (Lucas 2:49).*
- *A los 30 años dijo: "Mi comida es que haga la voluntad del que me envió, y que realice su obra" (Juan 4:34).*
- *A los 32 años dijo: "He descendido del cielo, no para hacer mi voluntad, sino la voluntad del que mi envió" (Juan 6:38).*

⬤··○Pida a los alumnos que completen la actividad 6.

La única pasión de Jesús era hacer la voluntad de su Padre. Desde los doce años tuvo este propósito firme en su vida y no se apartó de él. Al final de su ministerio la noche antes de morir dijo en oración a su Padre: *"Yo te he glorificado en la tierra; he acabado la obra que me diste que hiciese"* (Juan 17:4). Hasta el último momento de su vida estuvo ocupado en hacer la obra de su Padre. En su vida no había ningún deseo interior motivado por la maldad y no permitió que otro deseo desde el exterior interfiriera tampoco. La mente de Jesús estaba concentrada en su único objetivo, una única pasión, un único anhelo.

Para tener una mente semejante a la de Cristo es necesario que nuestra voluntad domine sobre los malos deseos y esto sólo es posible por la intervención del Espíritu Santo en nuestra vida. Sin él estás indefenso, sin él pronto te verás atrapado en una telaraña de deseos opuestos a la voluntad de Dios.

La verdad es que muchos de nosotros hemos sido esclavos de las pasiones durante mucho tiempo y necesitamos una intervención especial del Espíritu en nuestra vida para que la mente de Cristo sea formada en nosotros.

Al inicio de esta clase hablamos de un hermano que hizo la lista de sus deseos. El finalmente aprendió a vivir bajo la promesa de Mateo 6:33: *"Buscad primeramente el reino de Dios y su justicia y todas las demás cosas os serán añadidas"* y cuando estaba ocupándose de las cosas de Dios, Dios le proveyó las cosas materiales que le hacían falta. Cuando nosotros nos ocupamos de nuestras cosas a tal punto de descuidar el servir a Dios, le atamos las manos a el para que pueda obrar; pero cuando nos ocupamos de los negocios de Dios, el abre las ventanas de los cielos y no deja que nos falte nada. Cuando empezamos a vivir como Cristo y alineamos nuestros deseos con la voluntad de Dios descubrimos que a Dios le agrada mucho ocuparse de nuestras cosas.

⬤······○ Invite a los alumnos a terminar completando la actividad 7 y a pedir el auxilio a Dios en oración con la ayuda de un compañero / compañera de la clase.

Definición de términos claves

- **Virtud:** Es una cualidad personal que se considera buena y correcta.
- **Benigna, benignidad:** Tendencia de una persona a ser comprensiva, tolerante o compasiva.
- **Misericordia:** Inclinación a la compasión hacia los sufrimientos o errores ajenos. En la doctrina cristiana, atributo divino por el que se perdonan y remedian los pecados y sufrimientos de sus criaturas.
- **Mansedumbre:** Naturaleza apacible y tranquila.
- **Templanza:** Virtud que consiste en la moderación en los placeres y pasiones.

Resumen

La mente del cristiano lleno del Espíritu debe ir conformándose a la mente de Cristo. Este es un proceso paulatino de limpieza en el cuál, el cristiano identifica con la ayuda del Espíritu los deseos de la vida vieja que están arraigados en su vida y los reemplaza por los deseos de Cristo. La mente del cristiano que se deja llevar por los deseos y los pensamientos de la vida antes de ser salvo, no tendrá paz y orden. Una mente ordenada como la de Cristo, es aquella en la cuál la voluntad domina sobre los pensamientos y los deseos. Es una mente totalmente entregada a servir a Dios como meta prioritaria de su vida. Las lecciones de este trimestre nos ayudarán a identificar los malos deseos que vienen desde el interior y desde el exterior a nuestro ser, a los cuales necesitamos renunciar para reemplazarlos por el único deseo de Cristo: hacer la voluntad del Padre en este mundo.

Hoja de Actividades

ACTIVIDAD 1
Responda las siguientes preguntas

1. ¿Le ha pedido alguna vez algo a Dios por razones egoístas? _____

2. Si respondió sí, mencione alguna de las cosas que ha pedido. _____

3. ¿Recuerda haber tenido alguna vez en su mente dos pensamientos que luchaban entre sí?_____

4. Si su respuesta es sí, describa en pocas palabras esta lucha._____

ACTIVIDAD 2
Gráfico: Tendencias que gobiernan en la mente desordenada

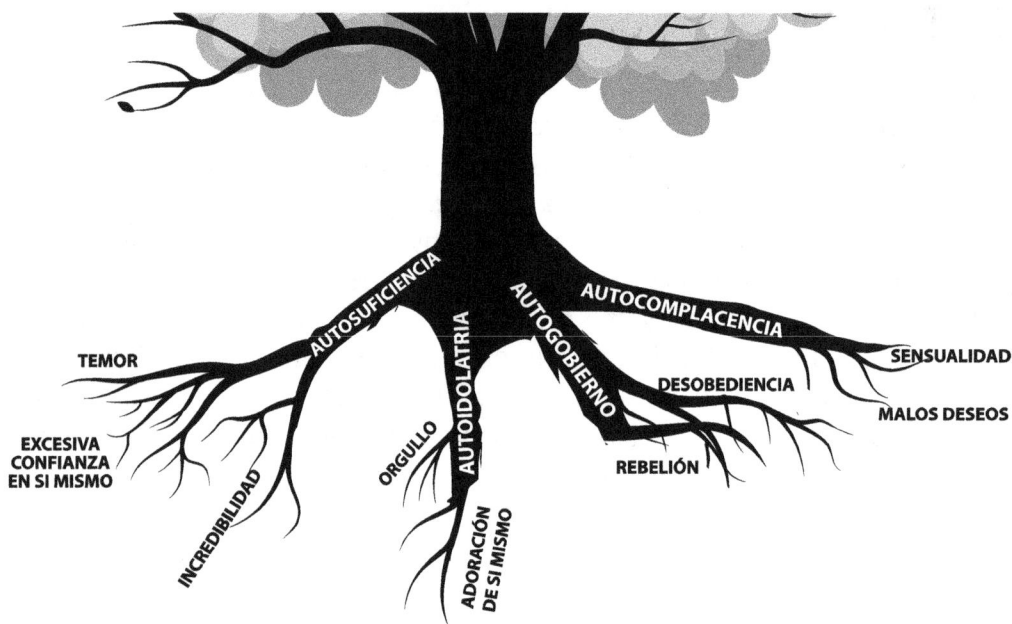

ACTIVIDAD 3
Escriba una lista de sus deseos, comenzando por lo que anhela más intensamente. Luego responda las preguntas.

1. _____   6. _____

2. _____   7. _____

3. _____   8. _____

4. _____   9. _____

5. _____   10. _____

1. ¿Hay en esta lista deseos opuestos entre sí? _____

2. ¿Cuántos de estos deseos están dominados por tu voluntad?_____

3. ¿Cuántos de estos deseos son para dar gloria y honra a Dios?_____

ACTIVIDAD 4
¿Cuál de las siguientes oraciones describe lo que si debe hacer para ser libre de los deseos opuestos a Dios? Marque una.

___ *Elimino de mi lista todos los deseos que no serían aprobados por otros cristianos y los reemplazo por deseos "aprobados" por ellos.*

___ *Me siento a esperar que Dios transforme los malos deseos y me lleve a ser lo que el quiere que yo sea.*

___ *Me deshago de los deseos egoístas y permito que Cristo los reemplace por los que me hacen semejante a Él.*

ACTIVIDAD 5
Trabajo en grupos de 3 a 5 integrantes.

A continuación se listan las virtudes de la mente de Cristo. (Lea en varias versiones los versículos de Gálatas 5:22-23 y Santiago 4:17 y escriba una palabra que describa lo opuesto a cada virtud, lo mundano, lo que es propio de una mente desordenada). (Si tiene dudas sobre el significado consulte un diccionario o un diccionario de sinónimos y antónimos).

Virtud semejante a Cristo	Mente opuesta a Cristo
Puro	_____
Pacífico	_____
Amable	_____
Benigno	_____
Misericordioso	_____
Fructífero	_____
Firme	_____
Sincero	_____
Amor	_____
Gozo	_____
Paz	_____
Paciencia	_____
Benignidad	_____
Bondad	_____
Fe	_____
Mansedumbre	_____
Templanza	_____

ACTIVIDAD 6
¿Cuál fue la gran pasión o el gran deseo de Cristo? Marque uno.

___ *Jesús quería ser famoso o popular y agradar a las personas.*

___ *Jesús quería hacer la voluntad de Padre y agradarle a él.*

___ *Jesús quería hacer las cosas que le gustaban y que le proporcionaban placer.*

ACTIVIDAD 7
Marca en la siguiente lista en donde estás ahora en el proceso de que Cristo forme su mente en ti:

A - Cristo ha puesto en mí el deseo de ser semejante a él.

B - Necesito ayuda para identificar los malos deseos en mi vida.

C - Quiero renunciar a los deseos que se oponen a los de Cristo.

D - Quiero tener el deseo supremo en mi vida de servir a Dios como lo hizo Cristo.

E - Estoy cultivando los deseos espirituales y buscando que Cristo gobierne en todas las cosas.

F - Tengo en mi vida los mismos anhelos que Cristo tiene.

ORACIÓN

Señor mi Dios, te ruego que hagas en mi vida lo que tengas que hacer para poner en orden mis deseos. Entiendo que Tu voluntad es que mi mente sea semejante a la de Cristo. Ayúdame a cultivar estas virtudes en mi vida y deshacerme de todo pensamiento y deseo que batalla contra tu voluntad.

LECTURAS RECOMENDADAS

- *Mateo 6:25-34*
- *Mateo 15:1-20*
- *Mateo 16:21-28*
- *Mateo 21:33-46*
- *Juan 17*

Mis notas

Los celos y la envidia
LECCIÓN 2

Objetivos de la lección

Que el alumno...

- Conozca los niveles o etapas de los celos así como las consecuencias inmediatas que provoca un corazón envidioso.

- Reflexione acerca de la importancia y prioridad de no apartar la mirada del Varón Perfecto: Cristo Jesús y de analizar cada día la intención de cada una de nuestras acciones a la luz de su ejemplo.

- Permita que el Espíritu Santo purifique el área de las intenciones y las motivaciones en su vida.

- Practique palabras honestas de elogio o gratitud para si mismo y para otros.

Recursos

- Pizarra.
- Biblias.
- Obsequios para entregar a algunos alumnos. Piense en algo que sea deseable al resto como ser: chocolates, bolígrafo, tarjetas de felicitación, u otro.

Introducción

⫘ Inicie la clase repartiendo los obsequios y diga algo como esto: "Hemos escogido a un grupo de alumnos de esta clase para darles un reconocimiento especial". Pida aplausos para ellos y haga una pausa momentánea para ver cómo reaccionan sus alumnos. Luego pregunte: "Cómo se sintieron al no recibir obsequios?" ⫘

⫘ Después pregunte a la clase y escriba la pregunta en la pizarra ¿Qué es la envidia? Anote las respuestas y haga una síntesis de todas ellas en una sóla frase u oración. Luego pregunte si están de acuerdo con la síntesis que ha hecho ⫘

Salomón llama a la envidia "la enfermedad que consume el alma" (Proverbios 14:30); William Shakespeare la llamó: "la enfermedad verde". Aristóteles llamó a la envidia "el pecado contra el hermano"; en el Nuevo Testamento se la menciona como una de "las obras de la carne" (Gálatas 5:19-21). La envidia no es una emoción amable, sino agresiva. A veces es difícil reconocer la envidia en nuestra vida y lo que hacemos es esconderla en otras emociones o justificarla.

·············o **Pida a los alumnos que completen la actividad 1 y 2.**

Todos hemos experimentado en algún momento o de alguna forma este sentimiento llamado celos. Entonces, ¿hasta donde es permitido? En esta lección veremos que los celos pueden ser buenos y sanos o llegar a ser tan malos que llegan a destruir a la persona y sus relaciones.

Estudio Bíblico

1. ¿CÓMO DISTINGUIR EL CELO BUENO DEL MALO?

La palabra celo en la Biblia es la traducción del término hebreo *ganna* y del griego *celos*. El verbo *ganna* transmite la idea de "ponerse rojo oscuro". Su significado se asocia al color rojizo que muestra el rostro de una persona dando la apariencia de estarse quemando, lo que llamamos hoy día "ruborizarse o ponerse colorado" y que ocurre cuando las emociones arden, la pasión el fervor o celo se desborda, y el entusiasmo es intenso. Este sentimiento apasionado puede asociarse a algo o alguien.

El sentir pasión o celo por algo o alguien no es malo, es algo propio de nuestra naturaleza. Lo que distingue al celo malo es el motivo que desata esa reacción apasionada. Los celos pueden ser dirigidos correcta o incorrectamente de acuerdo a la naturaleza del corazón de la persona. Por ejemplo: enamorarse es un sentimiento bueno que nos lleva a comprometernos en casamiento y procrear hijos. Pero si un hombre o mujer casado se enamora de otra persona, eso no es bueno, porque esa pasión se ha desbordado fuera de los límites que Dios ha establecido.

2. EL CELO SANTO

En la Biblia se nos habla de dos tipos de celos. El celo santo y el celo pecaminoso.

El celo santo es devoción, consagración, es apasionarse por una causa buena, una meta digna o la persona correcta.

○Pida a algunos voluntarios que lean los siguientes pasajes: Números 25:11, Éxodo 20:5 y 34:14, Deuteronomio 4:24 y 6:15. Luego pregunte: ¿De quién hablan estos pasajes? ¿Y por quién siente celos Dios?

Si en la Biblia nos dice que Dios siente celos, entonces sentir celos no es malo; siempre y cuando surja por los motivos correctos. Los celos de Dios por Israel se comparan a los que un esposo siente por la esposa. Este celo se basa en que Dios quiere que su Iglesia sea fiel a Él, siendo que esta clase de celo es una consecuencia lógica y saludable del amor. ¿Qué esposo enamorado no siente celos de su esposa y a la inversa? El celo de Dios es santo y es parte de su carácter así como su amor y su justicia. Su celo le ha llevado a entregar lo más valioso que tenía para rescatar a su Iglesia y llevarla a desarrollar todo su potencial.

El Hijo de Dios también se mostró celoso cuando echó a los comerciantes que habían hecho un mercado en el Templo de Jerusalén (Lucas 19:45-48). En Tito 2:14 nos dice que Jesucristo *"se dio a sí mismo por nosotros para redimirnos de toda iniquidad y purificar para sí un pueblo propio, celoso de buenas obras."* Dios espera que su pueblo sea celoso en el sentido de que se ocupe con pasión de hacer obras buenas en este mundo, obras que muestren el amor de Dios a quienes tanto lo necesitan.

Este celo santo proviene de Dios y es bueno porque lleva a las personas a ser verdaderos adoradores, a esmerarse por hacer la voluntad de Dios, a servir con esmero a otros.

○Pida a los alumnos que realicen la actividad 3.

3. EL CELO PECAMINOSO:

Al celo pecaminoso o negativo en la Biblia se le llama envidia o celos. En este caso se trata de un celo carnal porque la persona celosa o envidiosa pretende devoción total y completa hacia su persona, por ende no tolera a nada, ni nadie que intente tomar su lugar o que pueda ser un potencial competidor.

La envidia surge de un corazón codicioso. Esta codicia puede dirigirse al deseo de bienes materiales, de fama, de amor, de habilidades o talento, de belleza, de ser "adorado como un dios", o el afán de tener poder y dominio; o sea de desear tener el control absoluto sobre cosas o personas.

○ Veamos unos ejemplos en la actividad 4. Para esta actividad, dependiendo del número de alumnos, puede asignar un personaje a cada uno, o dividirlos en grupos y repartir equitativamente las asignaciones. Luego pida que compartan lo que respondieron al resto de la clase.

La envidia es carnal porque es producida por el egoísmo que responde a los deseos de la carne y que son contrarios al amor de Dios porque buscan satisfacer deseos inapropiados de maneras inapropiadas. Estos sentimientos apasionados y los pensamientos que se relacionan a ellos nos llevan a pisar terreno peligroso. La envidia es un pecado grave que conlleva a otros pecados mayores como son el resentimiento, el odio y hasta el asesinato.

4. ¿Cuáles son los frutos de la envidia?

La envidia no produce nada bueno. La envidia corrompe y deshumaniza. Veamos sus frutos:

Infelicidad permanente

La envidia produce insatisfacción que es un estado de infelicidad permanente. El envidioso llega a no estar nunca satisfecho con lo que es, con lo que hace y con lo que tiene. Por ello, estas personas nunca están contentas, siempre están ambicionando, su desesperación las puede llevar a la depresión.

Destruye las relaciones

En el Nuevo Testamento la envidia es la antítesis del amor, y en consecuencia el enemigo número uno de la verdadera comunión cristiana (1 Corintios 13:4).

El envidioso manifiesta enojo y con esto hace que las personas se mantengan a distancia. Su propio egoísmo no le permite alegrarse por lo bueno que acontece a sus amigos, por ello critica con dureza las faltas de los demás y las expone. Cuando llega a ser un líder en la iglesia se opone a que surjan nuevos líderes porque teme ser "superado" por los talentos de otra persona. Estas personas envidiosas suelen perder a sus mejores amigos, y llegan a estar resentidos con sus familiares y compañeros de trabajo.

El corazón envidioso impide que amemos de verdad a otras personas y a Dios, porque el verdadero amor desea la felicidad de la otra persona, mientras que el envidioso es infeliz cuando otros progresan. La envidia desea lo que el otro tiene: amigos, bienes materiales, trabajo, escuela, notas escolares, familia, etc. y para obtener estas cosas puede llegar a hacer lo que sea necesario.

El envidioso hace sufrir a otros, lastima sus sentimientos al menospreciar cualquier cosa que ellos logren.

Aumenta los problemas de baja autoestima

El envidioso sufre de baja autoestima, o sea piensa de sí mismo de manera incorrecta porque no se da el valor que Dios le da a su persona. Debido a que vive comparándose con otros, pocas veces sale ganando debido al equivocado concepto que tiene de sí mismo. Trata de sentirse bien y equilibrar su autoestima encontrando y señalando faltas en los demás, o sea restando valor a lo que son y lo que hacen otras personas. Aún así siempre el envidioso termina perdiendo, y puede hacer cualquier cosa para destruir a esa persona que tiene lo que el quiere. Como Caín, algunos llegan a matar al otro pensando que de esta manera se apagará ese sentimiento de insatisfacción consigo mismo (Génesis 4:4-8).

La siguiente historia nos ayudará a comprender lo autodestructivo que puede llegar a ser este sentimiento si dejamos que se acreciente en nuestro corazón:

Se cuenta la historia de dos águilas. Una de ellas podía volar mas alto que la otra y a su compañera eso no le gustaba nada. Sucedió entonces que un día la menos capaz habló con un cazador y le pidió que matara a su compañera. El cazador le dijo que lo haría con gusto si tuviese plumas para sus flechas. Ni lerda ni perezosa se arrancó dos plumas de sus alas y se las entregó. El tirador disparó sus flechas pero no alcanzaron al águila, que volaba muy alto. La compañera envidiosa siguió arrancándose las plumas hasta que al fin se sacó tantas que no pudo volar, y el cazador aprovechando que el águila estaba indefensa la mató.

El envidioso, al igual que esta águila de la historia, es una persona que más que hacer daño a otros, se hace daño a si misma.

La envidia enferma nuestro corazón

▌▌▌ Lea Santiago 3:14-16 ▌▌▌

La envidia produce amargura, resentimiento, odio a sí mismo y a otros, y hasta odio hacia Dios a quien se puede acusar de no darnos aquello que queremos. La envidia es un gran desperdicio de energía mental, física y emocional.

La envidia impide el crecimiento del cristiano

○ **Pida a un alumno que lea 1 Corintios 3:3**

En este pasaje es claro que la envidia es fruto de la vida en la carne. El envidioso manifiesta orgullo, "aires de superioridad", se cree el mejor, cree que solo él puede hacer bien las cosas y tiende a menospreciar a las demás personas viéndolas como inútiles e incapaces. El envidioso suele ser autosuficiente, se niega a recibir ayuda y quiere ser el mejor en todo, por eso tiene muchas dificultades para trabajar en equipo. Pedro nos recuerda en 1 Pedro 2:1-2 que es necesario desechar la envidia para continuar creciendo en la vida cristiana.

○ **Pida a los alumnos que completen la actividad 5.**

5. ¿Cuál es el remedio para el corazón enfermo de celos y envidia?

En Marcos 7:20-23, el Señor Jesús dijo que del corazón salen todas las maldades, incluyendo la envidia. El único que puede cambiar nuestro corazón es el Señor. El Espíritu Santo quiere llenar cada área de nuestra vida y purificar nuestro corazón.

▌▌▌ Termine con oración de arrepentimiento. Pidan limpieza de los pensamientos envidiosos y que estos sean reemplazados por el amor de Dios. Pidan que el Señor les enseñe a mirar a otros como Él los ve. Anime a la clase a poner en práctica las actividades sugeridas para la semana ▌▌▌

Definición de términos claves

- **Celos:** Los celos son un sentimiento de inconformidad causado por el miedo a perder algo que ya se tiene o por desear algo que otra persona posee. Puede haber celos por un ser amado, un objeto, una situación en la vida, y muchas otras circunstancias.

- **Envidia:** Es el deseo de poseer lo que otros tienen, puede ser algo material, una persona, amor, respeto, prestigio, belleza, personalidad, entre otros.

Resumen

Los celos malos y la envidia no vienen de un corazón puro, sino de un corazón egoísta, que no ha dejado que Cristo lo purifique a través de su Espíritu Santo. Pero hay que reconocer que hay un celo santo que viene de Dios y que nos impulsa a dedicarnos con amor y pasión a su obra. Este celo santo es fruto del amor santo. Sólo Dios puede limpiarnos del egoísmo que nos lleva a ambicionar lo que otros tienen y hacernos libres para vivir felices y agradecidos por lo que Dios nos da en su bondad cada día.

Hoja de Actividades

ACTIVIDAD 1

¿Qué opina de la siguiente declaración que hicieran Martín Daly y Margo Wilson, (de la Universidad McMaster) acerca de los celos y la envidia?

"Todo aquel que está inmerso dentro de una relación importante las experimenta frecuentemente"

ACTIVIDAD 2

En el siguiente cuadro haga un círculo alrededor de aquellas cosas que han sido motivo de envidia en su vida.

Esposo atento

Ministerios

Ropa

Escuelas

Viajes

Paz en el hogar

Notas Escolares

Habilidades especiales

Novio

Trabajo

Hijos

Progreso y Madurez Cristiana

Dones y Talentos

Gozo

ACTIVIDAD 3
Ejemplos bíblicos de celo santo.

Pasaje	Persona que sintió celo bueno o santo	¿Cuál fue el objeto de su celo?
Salmo 69:9a		
2 Corintios 11:2		

ACTIVIDAD 4
Ejemplos bíblicos de celo pecaminoso.

Pasaje	¿Quién?	¿Qué llevó a esta/s persona/s a sentir celos o envidia?
Génesis 4:1-8	Caín	
Génesis 30:1	Raquel	
Génesis. 37 :5-11	Los hijos de Jacob	
Salmos 73:3	David	
Marcos 15:10	Sacerdotes	

ACTIVIDAD 5.
Test: ¿Qué tan envidioso soy? Escriba sí o no delante de cada pregunta (recuerde ser muy honesto):

¿Ha pensado o dicho algo como esto alguna vez?

__ "Yo quiero lo que tú tienes y no quiero que tú lo tengas".

__ "Yo quiero quitarte lo que tú tienes y, si no puedo, prefiero dañarlo para que no lo tengamos ninguno de los dos".

__ "Se merece lo que le está pasando".

__ ¿Por qué no puedo tener eso yo de vez en cuando?

__ "Todos están mejor que yo".

¿Ha hecho algo como ésto?

__ ¿Te comparas continuamente con otros?

__ ¿Te alegras cuando otros fracasan?

___ ¿Criticas los logros, talentos o apariencia de otros?

___ ¿Siempre encuentras fallas en los demás?

___ ¿Te auto compadeces?

___ ¿Te alegras cuando otros disfrutan, lo que tu no puedes?

___ ¿Te cuesta reconocer tus fracasos?

___ ¿Te cuesta apoyar a la gente que triunfa?

___ ¿Quieres siempre ser el primero y el mejor en todo?

___ ¿Te gusta hablar de ti mismo comparándote con otros "peores"?

___ ¿Siempre quieres más de lo que otros poseen?

___ ¿Eres una persona celosa y lo niegas?

___ ¿Guardas información solo para beneficio personal, en lugar de beneficiar a otros?

Si tu respuesta es mayormente sí, necesitas ser sanado de los celos y la envidia.

ACTIVIDADES PARA LA SEMANA:

a) De gracias a Dios por lo que es y tiene y por lo que será y tendrá en el Señor Jesús. Sea humilde para reconocer que es por Su gracia que tiene lo que tiene. No mida su éxito comparándose con los demás.

b) Pida a Dios que le ayude a reconocer los éxitos de otras personas. Reconozca el esfuerzo que él o ella realizaron para el éxito que hoy disfrutan.

c) De gracias a Dios por lo que le da a otras personas. No permita que la envidia le arrebate el gozo, la satisfacción y el propósito de Dios para su vida.

d) Elogie a las personas con sinceridad, comience por sus seres amados, amigos y hermanos en Cristo.

LECTURAS RECOMENDADAS:

- Proverbios 27
- Lucas 15:11-32
- Hechos 5:17-42
- Hechos 13:13-52
- 1 Tesalonicenses 1:1-10

Mis notas

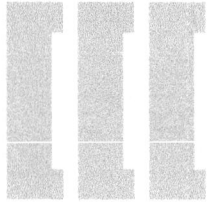

¿A quién confiarás el control de tu futuro?
LECCIÓN 3

Objetivos de la lección

Que el alumno...

- Identifique aquellas prácticas adivinatorias relacionadas al ocultismo.

- Reflexione sobre los peligros que presenta al cristiano participar en estas actividades.

- Auto examine su vida para identificar cualquiera de estas prácticas en su pasado o presente y renunciar a ellas.

Recursos

- Varias Biblias o Nuevos Testamentos en versiones sencillas o copia de los textos de Santiago 5:17 y Gálatas 5:22-23 en dos o tres versiones sencillas, como pueden ser la Versión en Lenguaje Actual, Dios Habla Hoy, Nueva Versión Internacional, entre otras.

- Hojas blancas para distribuir a los alumnos para dibujar en Actividad 2.

- Caricaturas o dibujos que representen la creencia popular sobre Satanás para comparar con los dibujos de los alumnos (pueden ser impresos o para proyectar).

Introducción ▌▌▌

▌▌▌ Inicie la clase preguntando a los alumnos: ¿Qué leen más personas a diario en el mundo, la Biblia o el horóscopo? Pídales que voten. Luego dé la respuesta: el horóscopo. ▌▌▌

Cada día millones de personas en el mundo consultan el horóscopo y dan su dinero a los adivinos, ignorando las fuerzas del mal que se ocultan detrás de estos hábitos que parecen inofensivos.

Dedicaremos esta lección a develar algunos malentendidos y conceptos equivocados que la gente tiene sobre Satanás y los demonios. En la próxima lección continuaremos hablando de las prácticas ocultistas que están ganando terreno en el mundo contemporáneo.

Estudio Bíblico ▌▌▌

1. EL CRISTIANO VIVE EN MEDIO DE UNA CONFRONTACIÓN DE PODERES.

Muchos cristianos tropiezan cuando intentan crecer en su vida espiritual debido a que tienen conceptos equivocados con respecto a cómo actúan los poderes del mal que tratan de obstruir su desarrollo espiritual.

¿Es real Satanás?

El primer error común es creer que las actividades de los demonios han terminado en nuestros días, o sea que ya no están activos como en el tiempo de Jesús.

En Efesios 6:12 el apóstol Pablo dice: *"Porque no tenemos lucha contra sangre y carne, sino contra principados, contra potestades, contra gobernadores de las tinieblas de este siglo, contra huestes espirituales de maldad en las regiones celestes."*

Durante el ministerio de Jesús y los apóstoles con frecuencia Satanás y sus demonios les salían al encuentro. ¿Cómo lo hacían?, por medio de personas humanas en cuyo cuerpo habitaban. Esto no debe asombrarnos porque Jesucristo vino a ponerle fin a la obra de Satanás (1 Juan 3:8).

Desde los días en que Dios creó a la primera pareja humana (Génesis 3) y hasta hoy, Satanás se ha ocupado en destruir a los seres humanos. ¿Cómo lo hace? Engañando, mintiendo, sembrando dudas de la Palabra de Dios en nuestro corazón, haciendo promesas de dar poder, dinero, amor, fama, a los que le sirven. Manipula los medios de información para que la gente le tenga temor y para incitar a los seres humanos a destruirse diciéndoles que tienen derecho a satisfacer sus deseos egoístas a cualquier costo. También es bueno para falsificar. El se disfraza, es decir, toma la apariencia de ángeles, o de personas que han muerto, para confundir y desviar la atención de la persona de Jesucristo, el único Salvador. Es bueno para usar distracciones, o sea, cosas que nos entretienen y nos roban el tiempo, la capacidad y las energías, en lugar de usar estos para buscar a Jesús, aprender de él y servirle.

III Pregunte a la clase: ¿Cuáles son los nombres que usa la gente para referirse a Satanás? Escriba la lista en la pizarra y luego en otra columna incluya los nombres que encontramos en la Biblia mientras continúa la lección. III

Tenemos muchas evidencias en el Antiguo y Nuevo Testamento de que estos seres espirituales usan su poder para influenciar a los seres humanos para que vivan en oposición a la ley de Dios. El Apóstol Pablo nos advierte de que estos poderes espirituales están activos en nuestro tiempo. Cada día el movimiento de la Nueva era, el satanismo y el ocultismo ganan más adeptos y se expanden en nuestro mundo. La enseñanza bíblica es clara y nos pone en conocimiento de la existencia de seres espirituales que son reales y que se oponen a Dios. Estos espíritus tienen por líder principal a Satanás, a quien Jesús llamó "el príncipe de los demonios" (Mateo 12:24). Este ángel enemigo de Dios recibe diversos nombres en la Escritura: diablo, dragón, serpiente antigua, Beelzebú y Abadón o Apolión, que significa destructor (Apocalipsis 9:11).

¿Cuál fue su origen? Ezequiel 28:1-19

La Biblia no establece con precisión el origen de estos espíritus, pero si tenemos la información suficiente para afirmar que los demonios son ángeles caídos leales al liderazgo de Satanás. En el libro de Ezequiel, Dios envió palabras de advertencia contra el rey de Tiro. En este pasaje se compara la altivez de este rey con la que tuvo uno de los ángeles principales de Dios quién se llenó de orgullo y quiso usurpar el lugar de Dios.

⊕················o **Pida a los alumnos completar la actividad 1 y 2.**

2. ¿QUÉ SON LOS DEMONIOS?

Por la Biblia sabemos también que Satanás no trabaja sólo, se menciona que hay ángeles que le han seguido y lo respaldan (Mateo 25:41). Los ángeles y los demonios son seres espirituales semejantes en su naturaleza. Ellos no viven en un cuerpo de sangre, carne y huesos como nosotros. Son invisibles a nuestros ojos, aunque pueden hacerse visibles algunas veces. Pero ángeles y demonios son diferentes. Los ángeles son leales a Dios y le sirven. Los demonios tratan de entrar en los hombres y mujeres para controlarlos y usarlos en contra de Dios y de su pueblo. En ocasiones toman apariencia visible. Pueden aparecer como ángeles rodeados de luz y de rostros hermosos (2 Corintios 11:14) o como seres horrendos y aterrorizantes (Apocalipsis 9:7-10, 17; 16:13-16).

Los demonios como los ángeles son "personas". Ellos tienen nombres como por ejemplo "Legión" en Lucas 8:30. Tienen facultades de inteligencia ya que pueden dialogar, mentir, engañar. Reconocen la identidad de otras personas, como a Cristo (Marcos 1:23-24). Sienten temor y tiemblan ante el juicio de Dios (Lucas 8:28; Santiago 2:19). Tienen voluntad y libre albedrío, puesto que se rebelaron contra Dios.

Los demonios y los ángeles están organizados en rangos así como los ejércitos, como se menciona en Efesios 6:12, hay principados, potestades y gobernadores que tienen bajo su orden series de demonios.

¿Qué hay de cierto en cuanto al poder de los demonios para influenciar a los seres humanos?

El segundo error que es común en las personas es creer que los demonios no pueden influenciar a los cristianos con su actividad. La Biblia revela que Satanás y los espíritus de maldad a su servicio, tienen poder y lo usan para destruir lo que Dios ha creado y para frustrar los planes de Dios para el bien de la humanidad.

Veamos algunas características de los demonios:

a. Tienen inteligencia y poder sobrenatural (Ezequiel 28:12).

b. Son capaces de desarrollar planes malignos a escala local y mundial (Efesios 6:11-12; 2 Corintios 2:11).

c. Pueden ejercer influencia y controlar a los seres humanos (Hechos 19:14-16).

d. Se agrupan, como en el caso del endemoniado gadareno que tenía varios miles de espíritus inmundos (Marcos 5:1-4), los que luego entraron en dos mil cerdos (Marcos 5:12-13).

e. Pueden atormentar a una persona al punto de llevarla a cometer suicidio (Apocalipsis 9:13-19).

f. Pueden producir milagros engañosos (2 Tesalonicenses 2:9), aunque con poder limitado, así como ocurrió con los magos en la corte del Faraón que trataron de imitar las señales de Moisés (Éxodo 8:5-7 y 8:16-19).

g. Pueden cruzar barreras materiales. Se pueden desplazar en el espacio porque no están limitados a cuerpos físicos (Job 1:7).

La maldad ha logrado establecerse en tres niveles. El primero es el corazón del ser humano. Este es el mal personal.

▌▌▌ Dibuje el gráfico: Tres niveles donde se establece la maldad que se incluye en la página siguiente. ▌▌▌

▌▌▌ Pregunte a la clase: ¿Quién es responsable del pecado o los actos de maldad que cometen los seres humanos? ▌▌▌

La responsabilidad no es de los demonios, sino de la persona que libremente toma la decisión de seguir el camino del mal. La Biblia dice que no somos inocentes, que Dios nos hace responsables del pecado que cometemos intencionalmente.

El segundo nivel donde la maldad se ha establecido es en la sociedad, y que se conoce como el mal estructural. Esta es la maldad que surge de la gente con corazones malignos trabajando junta. Por ejemplo el mal estructural se manifiesta en la corrupción, en la explotación de los trabajadores, en la injusta distribución de los recursos públicos, en la violencia institucionalizada, en la esclavitud, en la explotación sexual, en el machismo, en las leyes que aprueban lo que Dios desaprueba, como el aborto, la eutanasia, entre otros. Si el mal no se ha extendido más allá en la sociedad ha sido por la influencia y enseñanza de la Iglesia.

El tercer nivel del mal es el mundo de lo oculto, las personas que adoran, sirven o se asocian a Satanás y los demonios. Este es el nivel en que Satanás tiene dominio pleno, pero aún las personas que han hecho pacto de servir a los demonios pueden ser liberadas si así lo desean por el poder de Jesucristo.

Los cristianos debemos ser concientes de este poder de maldad que existe en el mundo y que es una fuente inagotable de tentaciones para nuestra vida. No debemos ignorar que Satanás nos tiene en la mira, él no pudo desviar a Cristo de su misión, pero tiene ahora una oportunidad con nosotros que quiere aprovechar. La estrategia preferida de Satanás es atacar nuestra confianza en Dios y en su Palabra, tentándonos para que caigamos en nuestras áreas débiles. El intenta destruir los matrimonios, intenta destruir la unidad de la iglesia provocando celos, incomprensión, rivalidad, rencor, amargura; y trata de debilitar la fe introduciendo creencias erróneas. Negar o ignorar el poder de los demonios para tentarnos es tan peligroso como hacer a Satanás responsable de nuestro pecado.

Sin embargo no debemos olvidar, que si bien conocer al enemigo es una buena estrategia en la guerra, no debemos ir más allá de lo que la Biblia nos permite. Dar una miradita a lo que este mundo espiritual maligno nos ofrece es una práctica muy de moda en nuestros días, en la que muchos cristianos caen por ignorancia y curiosidad. Es por eso que Dios prohibió ya desde los días de Moisés a su pueblo imitar cualquier práctica ocultista que abunde en la sociedad alrededor (Deuteronomio 18:9-13; Levítico 19:26; Isaías 8:19).

Tres niveles donde se ha establecido la maldad

Primer Nivel	Segundo Nivel	Tercer Nivel
El corazón del ser humano	La sociedad	Ocultismo /Satanismo

3. LA CURIOSIDAD POR CONOCER EL FUTURO.

Pida a un alumno que lea Hechos 16:16-23.

Pablo, Silas y Timoteo se encontraban en Filipos. Habían evangelizado a una mujer llamada Lidia, quien ha pasado a la historia como la primer convertida europea (16:11-15). Ellos se habían alojado en la casa de esta familia y cada día se dirigían a un lugar donde los judíos se reunían a orar. En estas ocasiones les salía diariamente al encuentro una jovencita que les seguía y gritaba tras ellos. Fue tanta su insistencia que colmó la paciencia de Pablo.

¿Quién era esta muchacha? En el vrs.16 dice que ella tenía *"espíritu de adivinación"*, en otras palabras era una "pitonisa" que significa adivinadora. La creencia popular era que estaba poseída por el espíritu de Apolos Phitius, dios relacionado a los oráculos. El nombre de este espíritu que la habitaba era Apolión, que en griego significa "el destructor", uno de los nombres de Satanás como vimos en el punto anterior (Apocalipsis 9:11).

Esta joven estaba poseída por los demonios y escuchaba las voces de ellos. La Biblia nos dice que era esclava y sus dueños sacaban provecho económico de su condición. Los espíritus que habitaban en ella reconocieron al Dios Altísimo que habitaba en Pablo y sus acompañantes y por eso ella gritaba a sus espaldas diciendo que ellos le servían anunciando el camino de salvación. En el vrs. 18 Pablo ordena a este espíritu maligno que salga de ella en el nombre de Jesucristo y la muchacha fue liberada.

A las ramas del ocultismo que se dedican a predecir el futuro se les conoce en nuestros días como "artes adivinatorias". El ser humano se siente atraído por el futuro desde los orígenes de la historia, es algo inherente a su naturaleza puesto que su futuro se relaciona con el plan de Dios para nuestra vida. Dios nos ha dado esa curiosidad para que le incluyamos a él en nuestras decisiones, que escuchemos sus advertencias y que conozcamos que los eventos futuros están en manos de él.

Uno de los métodos adivinatorios más consultados hoy en día es la astrología, sistema que se basa en la creencia de que los astros tienen influencia en los acontecimientos diarios de los seres humanos, conforme a su fecha de nacimiento.

Quizá usted es uno de los que ha leído el horóscopo por diversión, pensando que esto no le afectará en su diario vivir. Pero en realidad no es verdad, porque nuestra mente funciona recordando y asociando lo que hemos leído cuando se presente una situación semejante. Si el horóscopo decía que tenga cuidado de hacer negocios con extraños, cuando se presente el comprador del automóvil usted pensará si en realidad será el indicado o si debe esperar a otro. A esto se le llama "sugestión". Aunque usted no crea en el horóscopo esta idea se fija en su mente e influye poderosamente en sus decisiones.

Cualquier método de adivinación, ya sea con objetos o elementos de la naturaleza o por medio de personas poseídas por demonios (médiums y espiritistas o bajo la influencia de drogas, es usado por Satanás para manipular a las personas. Satanás ha convencido a los seres humanos de que pueden conocer los eventos futuros en otras fuentes y que cada persona es dueña de su vida y de labrar su destino como quiera, dejando a Dios por fuera.

Así es como hoy en día muchos creen que, si hay un Dios, este no se interesa en sus asuntos personales. Equivocadamente creen que su futuro depende por completo de sus propias habilidades o de la casualidad, la "suerte" o la "buena fortuna".

⋯⋯⋯○ Conozcamos algunas de estas formas de adivinación que Satanás usa para engañar a la gente, en la Actividad 3.

⫿⫿⫿ Termine guiando a la clase en una oración de arrepentimiento y renuncia a cualquiera de estas prácticas adivinatorias en las que pudieron estar involucrados. ⫿⫿⫿

Definición de términos claves

- **Pitonisa:** Una pitonisa era una adivina. Según la mitología griega Pitón era una gran serpiente que tenía un oráculo en el monte Parnaso, este dios era famoso porque podía predecir acontecimientos futuros. El dios Apolo mató a esta serpiente y a partir de allí cambió su nombre a Pytius y se hizo célebre como pronosticador del futuro. Debido a esta leyenda, a todos los que pretendían predecir el futuro se les consideraba influidos por el espíritu de Apolos Phitius o Apolo Pítico. (Comentario Bíblico Adam Clarke Tomo III, p. 282).

- **Oráculo:** Respuesta que daban los dioses a las cuestiones sobre el futuro que se les consultaban por medio de adivinas o sacerdotes.

- **Legión:** Nombre con que se da a conocer el demonio que Jesús sacó de los dos hombres de Gadara. Este espíritu del mal tomó su nombre de las legiones del ejército romanas. Una legión se componía de seis mil soldados, por lo que su nombre indica que tenía bajo sus ordenes miles de demonios. Al ser expulsados ellos entran en los dos mil cerdos que se suicidan arrojándose al lago (Lucas 8:26-39, Mateo 8:28-33).

- **Oculto, ocultismo:** Este termino se refiere al conocimiento que está mas allá de la comprensión común; es un conocimiento de tipo sobrenatural, no limitado por las leyes científicas modernas. El ocultismo es la creencia en agencias secretas, misteriosas y sobrenaturales y en la posibilidad de sujetarlas al control humano.

- **Querubín:** Ángel

Resumen

Satanás y los demonios son reales y están influyendo en la vida de todos los seres humanos vivos en este mundo. Los cristianos no estamos libres de este ataque cuyo propósito es apartarnos de la familia de Dios y llevarnos a ser esclavos de la maldad. Una de sus estrategias es hacernos desconfiar del control que Dios tiene sobre los sucesos de nuestra vida y llevarnos a dudar de que Dios se ocupará de nuestro futuro. Hoy mas que nunca hay múltiples formas de oír lo que nos dicen otras voces con respecto a nuestro destino, pero ninguna de esas voces proviene de nuestro Dios de amor. Todas ellas se generan en el plan de Satanás para apartarnos de nuestro Creador, confundirnos y llevarnos a abandonar el compañerismo con nuestro buen Dios. Como cristianos debemos vivir una vida responsable, apartándonos de toda esta obra maligna y confiando nuestro futuro a Dios.

ACTIVIDAD 1

Agrúpense en parejas e investiguen en sus Biblias sobre ¿Cómo influencian a los seres humanos los demonios y cuál será su destino final?

a. ¿Qué forma tomó el demonio para engañar a Eva? Génesis 3

_____

b. ¿Qué calamidades causó Satanás en la vida de Job para instigarlo a abandonar su fe en Dios? Job 1 y 2

_____

c. ¿Qué tipo de influencia se ofreció este demonio a ejercer sobre la vida del rey Acab? 1 Reyes 22:20-22

_____

d. ¿Quién en el jefe del ejército de los demonios? Mateo 12:22-28

_____

e. ¿Dónde habita Satanás y sus demonios? Efesios 6:12, Colosenses 1:13, Lucas 22:53

_____

f. ¿Cuál es el poder superior a los demonios, contra el cuál ellos no tienen otra alternativa que obedecer? Mateo 12:28, Mateo 10:1

_____

_____

g. ¿Qué tipo de actividad hacen actualmente los demonios para confundir a los seres humanos? Menciona algunos ejemplos. 1 Timoteo 4:1, 1 Juan 4:1-3

_____

_____

h. ¿Cuál es el destino final de Satanás, los demonios y todos los que le sirven? Apocalipsis 20:1-3 y 10

_____

i. ¿Cuál es la actividad de los demonios en nuestros días? 1 Timoteo 4:1; Mateo 12:22; Marcos 5:15; 9:18; Hechos 5:16; Salmos 106:37,38; 1 Corintios 10:20, Apocalipsis 9:20,21; 1 Juan 4:1,2

_____

ACTIVIDAD 2
¿Cuándo piensa en el Diablo... cómo se lo imagina?

Haga un dibujo de cómo se imagina al Diablo según la idea popular, lo que le han dicho o los dibujos que ha visto. Luego complete lo que sigue.

a. Lea Ezequiel 28:1-19 y compare su dibujo con esta descripción que se hace de un rey donde la maldad de Satanás se muestra en su gran magnitud y note las diferencias.

a. ¿Se parece en algo a la idea popular que tenemos de cómo es Satanás?

_____

b. ¿Cuál fue el deseo que sedujo a este querubín, que le llevó a llenarse de maldad? Compare el verso 28:1 con 28: 16-17.

_____

c. Enumere las capacidades o cualidades especiales con las cuáles fue dotado este ángel.

_____

ACTIVIDAD 3
Identifique con una X en la siguiente lista si ha participado alguna vez en alguna de estas prácticas adivinatorias

__ Aeromancia (aire)

__ Alectomancia (gallos)

__ Aritmancia o numerología (números)

__ Astragalomancia (dados)

__ Astrología (estrellas: horóscopo, carta natal)

__ Botanomancia (hierbas)

__ Carromancia (velas)

__ Catabomancia (cabeza asada de asno)

__ Cartomancia: Tarot (naipes)

__ Cristalomancia (cristales)

__ Tiromancia (coagulación del queso)

__ Gastromancia (ruidos del vientre)

__ Grafología (escritura)

__ Hidromancia (agua)

__ I Ching (monedas con hexagramas)

__ Idolomancia (imágenes)

__ Macranomancia (cuchillos, espadas)

__ Onicomancia (clavos)

__ Oniromancia (sueños)

__ Onomatomancia (nombres)

__ Dactilomancia (anillos)	__ Piromancia (fuego)
__ Espatalamancia (huesos, excrementos)	__ Quiromancia (manos)

ORACIÓN

Si ha estado involucrado en alguna de estas prácticas adivinatorias haga una oración sencilla de renuncia como ésta:

Señor y Padre Nuestro que estás en los cielos, reconozco que he desobedecido a tu voluntad al tratar de conocer el futuro por medio de otros caminos erróneos, en lugar de buscar tu dirección. Perdóname, aún en esas ocasiones en que lo hice como un juego, sin saber el peligro que esto representaba para mi vida. Te prometo mi Señor Jesús que me apartaré de todas estas prácticas, eliminaré de mi hogar cualquier objeto o libro que difunda estas malas costumbres.

Ayúdame a confiar en Ti, y sólo en Ti para guiarme en el futuro en todas las decisiones de mi vida, de mi familia, de mi trabajo, de mi iglesia y en cualquier otra área.

Confieso hoy delante de Ti y de mis hermanos que sólo tú tienes un plan maravilloso para mi vida. Ayúdame a caminar cada día en él.

LECTURAS RECOMENDADAS

- *Salmo 42*
- *Salmo 31*
- *Proverbios 4*
- *2 Corintios 4:7-18*
- *Apocalipsis 22:6-21*

¿Somos dioses?
El engaño de la Nueva Era
LECCIÓN 4

Objetivos de la lección

Que el alumno...

- Conozca la filosofía que hay detrás del movimiento de la Nueva Era.

- Pueda identificar las prácticas ocultistas que están ganando terreno en nuestra forma de vida y que son promovidas por el movimiento de la Nueva Era, a fin de no dejar que estas esclavicen y destruyan a su familia.

- Auto examine su vida para identificar cualquiera de estas prácticas en su pasado o presente y renunciar a ellas.

Recursos

- Ilustraciones de símbolos satánicos, tatuajes, juegos de mesa, video juegos, películas, bandas de música, entre otros, relacionados a lo oculto (pueden ser impresas o para proyectar).

- Prepárese con anterioridad para poder explicar las nuevas palabras. Encontrará ayuda en la sección: Definición de términos claves. Busque además en diccionarios, internet o libros cristianos información sobre ocultismo y Nueva Era.

En esta lección examinaremos los principios del pensamiento de la Nueva Era a la luz de la Palabra de Dios. Veremos que en realidad este movimiento ha recogido y resucitado las antiguas religiones enemigas del cristianismo bíblico, pero esta vez presentándolas como la solución para todos los problemas de la humanidad. Antes de comenzar a estudiar este movimiento vamos a hacer un autoexamen para medir cuanto hemos sido influenciados por esta filosofía engañosa.

......................................o **Pida los alumnos que completen la actividad 1.**

Luego pregunte a los alumnos cuántas preguntas han respondido "sí". Este cuestionario ayuda a descubrir en qué medida han logrado influenciarnos las creencias de la Nueva Era. Cuantos más "sí" hayan marcado, mayor ha sido su influencia.

Miles de personas en el mundo están comprando y leyendo libros de la Nueva Era, Satanismo, encuentros con extraterrestres, control mental, yoga, entre muchos otros. La filosofía de la Nueva Era ya es parte de nuestra cultura y su influencia se ha extendido a casi todas las ciencias, siendo éste el movimiento más extendido y poderoso de nuestro mundo. Esta es una corriente que ha introducido como parte normal de la vida cotidiana teorías erróneas y herejías que contradicen la verdad revelada en la Palabra de Dios. Este movimiento aunque muestra una falsa cubierta de respeto a todas las creencias y religiones, promueve prácticas de satanismo y lo oculto.

En esta lección veremos que algunas cosas no son tan inocentes como aparentan ser. Desenmascararemos estas estrategias que usa Satanás para destruir a las personas.

Estudio Bíblico

1. ¿Somos igual a Dios?

La actriz Shirley McLaine, una de las seguidoras y promotoras de este movimiento, dijo en una de sus conferencias: "Nosotros estamos viviendo en cualquier momento la totalidad de todo… Simplemente recuerde que usted es dios y actúe de acuerdo a lo mismo".[1] Satanás le dijo a Eva en el jardín del Edén: "seréis como Dios" (Génesis 3:5). La Nueva Era vuelve a lo mismo y nos dice "somos dioses".

Los seguidores de la Nueva Era enseñan la antigua creencia panteísta de que todo lo creado es parte de Dios, y que la esencia de Dios está en todas las cosas. Esto incluye los seres vivos que

---

[1] Publicado en Los Angeles Times (19 de julio 1987) Parte VI, página 1. Citado por Neil T. Anderson y Steve Russo en La seducción de nuestros hijos, Puebla, México: Audio Visuales para América Latina, A.C.: 1994. p. 47.

respiran como los animales y las plantas, pero también todo lo perteneciente al mundo material, como las piedras, el agua, el aire, y lo que proviene de la materia prima de ellos, como un libro, una mesa, etc. Afirman que Dios sólo es una energía, que no es un Dios personal, ni que se relaciona con nosotros.

Al negar la existencia de Dios, todo lo que la Biblia nos enseña como norma de vida, o ley moral, pierde cualquier valor para el hombre y la mujer. El bien y el mal ya no están establecidos sino que dependen del criterio de cada persona. De manera que nosotros, los seres humanos, decidimos qué es el bien y qué el mal y no debemos dar cuenta a nadie de nuestros actos. Al negar la existencia de Dios se niega también el principio de la verdad. Cada persona -afirman ellos - es dueña de creer lo que quiera y esa es su verdad.

Esta idea es tan antigua que se remonta a los orígenes de la historia. Muchos pueblos en la antigüedad tenían la creencia de que sus reyes eran dioses. Egipcios, medos, persas, romanos, también en naciones orientales y en los pueblos originarios de América, entre otros, se trataba y rendía honor a sus reyes como si fueran divinos y superiores a un ser humano normal. Los hebreos vivieron en los tiempos de estos imperios y fueron esclavos o dominados por algunos de ellos, como ser, Egipto, Babilonia, y finalmente el imperio romano. La presunción de estos reyes de ser iguales o semejantes a Dios siempre fue condenada por el Señor.

·······················Pida a los alumnos que completen la actividad 2.

¡Qué diferente es la actitud de este rey comparada a la de Cristo en Filipenses 2: 3-8!

||| Lean este pasaje y dialoguen sobre las diferencias. |||

Aunque Jesucristo sí es Dios y tiene todos los derechos, el poder y la gloria de Dios, como Hijo de Dios mostró una actitud de siervo en lugar de la de tirano; buscó siempre el bien de su creación, en lugar de buscar honra y honor para sí mismo; sacrificó su comodidad y sus privilegios para salvarnos del pecado; prefirió llorar con los que lloran antes que mirarlos desde lejos...

Afirmar que somos dioses es creer en una mentira. Cuando creemos en una mentira somos esclavos de ella. Nos llama la atención cómo este movimiento engaña a tanta gente, difundiendo esta creencia que no tiene lógica cuando la razonamos a la luz de la Palabra, ni tiene fundamento científico alguno. Lo que ocurre es que Satanás conoce la raíz de egoísmo que hay en el corazón humano, pues el mismo la sembró desde nuestros primeros padres. Este egoísmo cuando no se somete a la autoridad de Cristo nos lleva a rebelarnos a las leyes de Dios y a querer ser nuestros propios dioses. Al hacerlo nos ponemos nosotros en el centro del universo, usurpamos el lugar que sólo le pertenece a Dios.

Los maestros de la Nueva Era afirman que cuando uno llega a creer y desear algo con toda su fuerza, esto se hará realidad, aunque sea una mentira. Esta es una afirmación que va más allá de toda lógica.

||| Pregunte a los alumnos ¿alguna vez desearon algo "imposible"? ¿Por desearlo o
pensar mucho en eso se hizo realidad? |||

Pues de la misma manera podemos engañarnos creyendo que somos dioses y llegaremos a ser iguales a Él, pero eso nunca será realidad. Es cierto que Dios quiere que seamos como Jesús, que le imitemos en su amor, en su entrega, en su servicio desinteresado, en su relación sincera con Dios, y en muchas otras cosas, por eso desde que nos creó Dios puso su "imagen" en cada uno de nosotros. Pero aunque lleguemos a ser semejantes a Jesucristo en todas estas cosas, siempre habrá una diferencia de naturaleza entre Dios y nosotros.

||| Lean juntos Colosenses 1:15-17. |||

Este pasaje afirma que Dios está por encima de todo lo creado, ya sea el mundo espiritual o el mundo visible o material, todo tiene su origen en Dios y Él con su poder lo sostiene.

La Nueva Era miente al querer hacernos creer que somos igual a Dios. No somos dioses; !Él es el Creador y nosotros las criaturas! Dios es el centro del universo. Todo en el universo que Él ha creado depende de Él. Nuestra subsistencia depende por completo de Él. Él no ha abandonado su función. Él sigue en control de todas las cosas. Sea que la gente lo crea o no, Él es Dios, el único y omnipotente Dios Creador del Universo, el mismo Dios que está cerca de cada uno de nosotros.

2. ¿QUÉ HAY DE MALO EN CREER EN LA REENCARNACIÓN?

La reencarnación es una idea tomada de las religiones orientales que afirman que el alma de cada ser humano al morir abandona su cuerpo, vuelve a la tierra y comienza a vivir en otro cuerpo, cuantas veces sea necesario hasta que llega a ser una con la divinidad. La Nueva Era dice que no importa si usted no ha sido bueno y no logra la unión con dios en esta vida, después de la muerte tendrá otra oportunidad de enmendar sus faltas y lograr su objetivo dejando de existir para ser uno con dios.

También esta unión con dios puede alcanzarse en esta vida cuando la persona logra desprenderse del mundo físico y alcanza la "auto-divinización", o sea llega a ser un dios por sus propios méritos y esfuerzo.

La reencarnación niega tres enseñanzas bíblicas:

a. Esta vida es la única oportunidad que tenemos de vivir y reconciliarnos con nuestro Dios, Hebreos 9:27.

b. El único camino de salvación es Cristo, el hombre no puede salvarse a sí mismo, no puede hacerse "bueno" a sí mismo, Lucas 19:12, Juan 10:19, Romanos 5:12-19.

c. La resurrección de Cristo no tendría sentido, si se niega que después de esta vida haya resurrección, 1 Corintios 15:19.

Las personas que creen en la reencarnación están atrapadas en esta mentira y llegarán a la muerte sin haber tenido la oportunidad de conocer el único camino de salvación, que es Jesucristo. ¡No hay esperanza en esta cadena continua de morir y renacer para pasar por las mismas luchas!

3. ¿EL CONOCIMIENTO ES PODER? ¿PODER PARA QUÉ?

Para la Nueva Era el problema del sufrimiento del ser humano no tiene nada que ver con el pecado de Adán y Eva, sino con el estado de ignorancia en que ellos cayeron. Para ellos los seres humanos se encuentran en un proceso de ascenso gradual al entendimiento de su naturaleza divina y su unión cósmica al universo.

La Nueva Era niega que haya un problema de maldad en el corazón humano, ni que necesitemos ser limpiados de nuestra maldad. Ellos afirman que el ser humano puede salir de sus problemas sin la ayuda de Dios, apoyado en su conocimiento, que el ser humano es capaz de crecer en conocimiento hasta llegar a ser uno con Dios, igual a Dios. En otras palabras... si usted logra conocer lo que Dios conoce, podrá sanar, podrá hacer milagros... y entonces usted ya no necesitará a Dios. Esto convierte a Dios en algo desechable.

La Nueva Era dice, al igual que la antigua creencia del monismo, que no hay diferencia entre los humanos, los animales, las piedras, los árboles, los caracoles, y Dios. Toda la naturaleza está en un proceso de evolución hacia algo mejor. ¿Cómo llega esta evolución? Por medio del aprendizaje que le provee cada experiencia en la vida y que les ayuda a lograr su propia divinización.

¿De donde viene el conocimiento?

Los maestros de la Nueva Era están de acuerdo con que el conocimiento es poder. Ellos son instruídos en este conocimiento por "espíritus guías" o maestros invisibles que les instruyen sobre los secretos del cosmos. Estos espíritus en realidad son demonios que contactan por medio de diversas formas. Antiguamente se conocía esta práctica como espiritismo, pero en el mundo moderno se le llama "canalización". Este fue uno de los pecados del rey Saúl.

o Pida a un voluntario que lea 1 Samuel 15:23.

¿Juegos inocentes?

En una encuesta reciente a 1725 alumnos entre 11 y 18 años de edad, de una escuela pública del sur de California, 416 dijeron que habían consultado la tabla Ouija.[2]

Hay una gran ingenuidad en nuestros jóvenes a quienes se les ha hecho creer que la práctica de contactar espíritus es un juego inocente y divertido. No hay tal cosa como espíritus buenos, pero sí hay miles de demonios esperando la oportunidad para inducir a las personas a servir a Satanás y a involucrarse en prácticas ocultas.

La Ouija, Calabozos y dragones, Vampiro, La mascarada, nada hay de inocente en estos juegos. Hay muchos testimonios de cómo los jóvenes relacionados con estos juegos son llevados a prácticas inmorales como: sexo en grupo, rituales satánicos, beber sangre y hasta el asesinato.[3]

Debido al peligro que presentan estas actividades para los seres humanos Dios las ha prohibido, como podemos ver en Deuteronomio 18:9-12.

Los jóvenes y lo oculto

En nuestros días los programas de televisión dirigidos a los niños y jóvenes están plagados de enseñanza de lo oculto. Prácticas de brujería, satanismo, vampirismo, adivinación, parapsicología, entre otras, crecen en aceptación por los jóvenes quienes las encuentran excitantes y exóticas. Muchos son los jóvenes que hoy visten de negro, usan maquillaje negro, llevan en su cuerpo dijes y tatuajes con símbolos satánicos y de lo oculto. Esta es su manera de mostrar su "rebelión" contra la religión de sus padres y contra las normas sociales. Son muchos los adolescentes y jóvenes que quedan atrapados en estas prácticas.

[2.] Los autores Neil T. Anderson y Steve Russo publican en su libro "La seducción de nuestros hijos" los resultados de esta encuesta. Publicado por Audiovisuales para América. Puebla, México: 1994.

En la Biblia se relata la historia del rey Manasés quien fue atrapado por estas prácticas en 2 Crónicas 33:1-6. Hoy en día la brujería dirige su campaña hacia los jóvenes ofreciéndoles dinero fácil, pasar exámenes, atraer al sexo opuesto, entre otros, a cambio de participar en encantamientos mágicos.

4. ¿Cuáles son los peligros que este movimiento representa para la familia cristiana?

Cuidado con lo que leemos

¿Cuántos de nosotros leímos el libro "Juan Salvador Gaviota" de Richard Bach? Este libro publicado en 1976 al parecer tan inocente, fue la primera publicación masiva de un libro escrito por el método de "escritura automática", es decir, un espíritu satánico que utiliza a una persona (médium) para trasmitir un mensaje. De este libro se vendieron 25 millones de ejemplares.

Luego se publica el libro "Las enseñanzas de Don Juan" por Carlos Castañeda, quien es el mayor exponente de la hechicería. Desde allí hasta hoy hay 25.000 títulos y continúa creciendo la publicación de libros que promueven las ideas de la Nueva Era y las prácticas ocultistas, generando millones de dólares en ganancias. [4] Cuidemos lo que leemos y lo que lee nuestra familia.

Cuidado con lo que miramos

La brujería, la hechicería y otras cosas semejantes se presentan en películas y series como algo inocente y divertido.

·······················o **Pida a los alumnos que completen la actividad 4.**

Las películas de terror, no son tan inocentes, son adictivas y encadenan a las personas al miedo a lo oculto. Muchas personas pierden su funcionamiento normal y llegan al suicidio a causa del terror que sienten día y noche. No nos dejemos atrapar por las películas que difunden esta temática. Al comprarlas y verlas estamos fomentando que se sigan produciendo otras semejantes.

Cuidado con lo que escuchamos

¿Qué es la música de la New Age? Es una repetición de sonidos suaves y de la naturaleza que sirven para la relajación y para entrar en estados alterados de conciencia. A estas experiencias se les conoce como "canalización" y quienes lo practican suelen ayudarse con drogas para relajar el sistema nervioso.

El propósito de estas prácticas es experimentar en el mundo espiritual, hacer viajes al más allá, tener contacto con espíritus, escuchar voces, etc. Esta es una práctica muy peligrosa, ya que la voluntad del ser humano en estado de trance se hace a un lado y permite que se abra la puerta para que cualquier espíritu maligno entre en dicha persona.

Algunas de estas prácticas de "canalización"se conocen con el nombre de:

_____

[3] Los jóvenes y lo oculto, por Jasón Barrer en www.conocereislaverdad.org/losjovenesylooculto.htm
[4] Jornal do Brasil, enero 1995, Citado en www.arbil.org.

- Visualización
- Contacto con ángeles
- Raptos relacionados con ovnis
- Viajes astrales
- Visión de espíritus
- Experiencias místicas
- Meditación trascendental
- Drogas
- Música rock satánica
- Hipnosis
- El yoga
- Regresión a vidas pasadas

Los creyentes deben romper con todo lo que se relacione a estas prácticas.

⟶o Terminen la clase con un tiempo de oración siguiendo las instrucciones de la actividad 5.

- **Nueva Era:** El movimiento de la "New Age" o "Nueva Edad" fue iniciado por Helena Blavatsky, quién fundó en 1875 la "Sociedad Teosófica" de Nueva York. La Teosofía se inició con "la masonería, que es una sociedad secreta de corte esotérico y ocultista…" cuyo objetivo es destruir las creencias cristianas y establecer en el mundo una civilización pagana.[5] La Teosofía o gnosticismo es la creencia de que uno puede poseer conocimiento del mundo y de lo espiritual por medio de revelaciones directas de "espíritus", para ello tienen prácticas y doctrinas secretas que son mezcla de ocultismo y misticismo oriental. Alice Baley (1880-1949), tercera presidenta de esta sociedad, en estado de trance ha escrito por medio de escritura automática lo que un espíritu demoníaco, que se hace pasar por maestro de sabiduría tibetano le ha dictado. Estos escritos son el Plan del New Age, sólo revelado a los seguidores, que incluye un gobierno mundial y una sola religión mundial. Este plan debía ser rebelado públicamente hasta 1975. Ya para 1986 la Nueva Era estaba haciendo influencia en la educación, el arte, la salud, el gobierno, la economía, la ciencia, el entretenimiento y la religión.[6]

- **Escritura automática:** Es la transmisión de un mensaje, donde el emisor es un espíritu guía (entidad espiritual) quien dirige o dicta el mensaje por medio de un médium (en trance), quien escribe lo que escucha, ve y/o percibe.

- **Canalización:** Es el contacto con espíritus (o entidades espirituales). La persona en estado de trance o inconsciencia, es sometida en sus capacidades cognoscitivas y de percepción. Estas entidades espirituales toman el control de ella, para poder transmitir información, mensajes y consejos del mas allá. Ejemplos de canalización son: movimiento de mesas, vasos u objetos (sin causa física) llamada también telequinesia o psicoquinesia, escritura automática, hablar en trance, materializaciones (supuestas apariciones de personas muertas), excursión del alma (en personas vivas), levitación (levantar personas u objetos, o a sí mismos sin esfuerzo físico), aparición y desaparición de objetos en habitaciones cerradas.

- **Visualización:** Es el intento de crear o manipular el mundo físico usando la imaginación o visualización mental aplicada a cualquier objetivo que se desee cambiar o para alcanzar salud, prosperidad, motivación, relaciones, autoestima, etc. Las prácticas que suelen emplear son: relajación, yoga, meditación, reiki (discurso y música para autocuración) y el uso de piedras y/o cristales como el cuarzo. Se le denomina alquimia mental.

- **Contacto con ángeles:** Es la creencia de que a través de oráculos, cartas y la práctica de la relajación, sueños inducidos y técnicas de ocultismo y visualización se puede contactar a los guías espirituales o ángeles.

- **Raptos relacionados con ovnis:** Supuestos secuestros por seres extraterrestres, es una manipulación demoníaca de la conciencia humana es decir, la implantación psíquica directa de un conjunto de experiencias (lavado de cerebro). Los que han sido sometidos a este tipo de experiencias relatan los sucesos solo bajo hipnosis.

- **Viajes astrales:** Supuestos viajes fuera del cuerpo, durante el sueño o la meditación profunda. Se le conoce como "bilocación".

- **Visión de espíritus:** Manifestación de entidades espirituales de personas muertas que transmiten mensajes a personas vivas a través de un médium en trance.

- **Experiencias místicas:** Prácticas inducidas por la meditación u otros medios como las drogas, las cuales llevan a experiencias que van mas allá de las producidas por funciones normales del intelecto, voluntad y emociones.

- **Meditación trascendental:** Meditación diaria durante cuarenta minutos, divididos en dos tiempos de 20 minutos cada uno, en los cuales se debe repetir una frase secreta (palabras sánscritas dadas por un gurú) con el objetivo de llegar a la relajación profunda donde la mente queda en blanco, sin control, y la función del cuerpo baja. Es conocida como la "Ciencia de la Inteligencia Creativa".

- **Regresión a vidas pasadas:** Consiste en explorar y recordar el pasado de una persona utilizando drogas o hipnosis, a fin de encontrar la cura a sus heridas psíquicas. Si una persona recuerda su vida pasada es señal de que ha reencarnado en la presente.

- **Yoga:** Significa atar, enyugar. Busca poner la mente en blanco, deteniendo todo movimiento del cuerpo, interrumpiendo toda sensación del mundo físico. A través de poses de relajación y meditación y ejercicios de respiración. Prepara a la persona en su búsqueda de la autorrealización final. Una vez obtenido el autocontrol, es posible destruir el pensamiento racional y eliminar toda la personalidad humana, lo cual es la meta final del yoga.

Resumen

El movimiento de la Nueva Era promueve prácticas ocultistas y creencias contrarias a la Palabra de Dios, alimentando la autoidolatría, el autogobierno, la autocomplacencia y la autosuficiencia. Niega que los seres humanos sólo tenemos oportunidad de reconciliarnos con Dios en esta vida, niegan la realidad de que todos seremos juzgados después de la muerte. Por el contrario enseñan que hay muchas oportunidades de perfeccionarnos a nosotros mismos por medio de la reencarnación. Son muchos los peligros a que se enfrentan las personas expuestas a la influencia de esta falsa filosofía disfrazada de religión. Los padres cristianos deben estar alertas para cuidar a sus hijos e hijas y aún cuidar que ellos mismos sean confundidos por estas ideas engañosas.

Hoja de Actividades

ACTIVIDAD 1
Test para medir cuánto has sido influenciado por la Nueva Era.

1. Sí ___ No ___ ¿Crees que existen los fantasmas y que estos son espíritus de muertos que se contactan con los vivos?

2. Sí ___ No ___ ¿Crees que algunas personas tienen poderes especiales como mover objetos, lanzar fuego, entre otros...?

3. Sí ___ No ___ ¿Crees que la brujería, la magia negra o el vudú son efectivas para ayudar a solucionar los problemas de las personas?

4. Sí ___ No ___ ¿Crees que es importante que tu ser interior crezca por medio de ejercicios espirituales como el misticismo y otros?

5. Sí ___ No ___ Si alguien te ofreciera la posibilidad de comunicarte con algún familiar ya muerto, ¿lo intentarías?

6. Sí ___ No ___ ¿Has tenido alguna una experiencia psíquica como por ejemplo "percepción extrasensorial"?

7. Sí ___ No ___ ¿Estás de acuerdo con que la policía pida ayuda de psíquicos o videntes para identificar sospechosos, localizar cuerpos y ayudar a resolver crímenes?

8. Sí ___ No ___ ¿Crees en la reencarnación, o sea que una persona cuando muere vuelve a vivir en el cuerpo de otra persona?

9. Sí ___ No ___ ¿Crees que seres extraterrestres han visitado este mundo y que están buscando formas de contactarse con la raza humana?

10. Sí ___ No ___ ¿Tienes en tu casa cristales, pirámides, amuletos, estatuas, tazones del Tibet, colgantes u otro objeto para dar "energía positiva" a tu hogar?

ACTIVIDAD 2
Preguntas para estudio inductivo sobre Isaías 14:5-15

1. ¿Cómo era este rey de Babilonia en cuanto a su forma de tratar a la gente?

_____

2. ¿Según el vrs. 8 cómo "cuidaba o sustentaba" al resto de la creación como lo hace el verdadero Dios?

_____

3. ¿Cuál es el origen de todo lo malo que hacía este rey según el vrs. 11?

_____

4. ¿Según el vrs. 12 cuál era el autoengaño en que había caído este rey?

_____

5. ¿Hasta dónde se dejó llevar este rey por su arrogancia?

_____

6. ¿Quién recibía los beneficios de la actitud y conducta de este rey?

_____

7. ¿A dónde le condujo a este rey su arrogancia?

_____

ACTIVIDAD 3
Los seguidores de la Nueva Era afirman que el mundo "está por entrar en un período de paz y armonía que se conoce como la era de acuario". Este "nuevo orden mundial" afirman, traerá solución a todos los problemas de la humanidad. ¿Qué respondería usted a esta presunción luego de leer Romanos 3:9-26?

_____

_____

_____

ACTIVIDAD 4
En grupos de 2 o 3 personas mencionen nombres de películas, o programas de TV donde se promueven prácticas ocultistas aceptadas por la Nueva Era como ser:

- Hablar con espíritus
- Apariciones de muertos
- Experiencias extra sensoriales como visiones del futuro o del pasado.
- Poderes parapsicológicos como telepatía.
- Juegos de tipo ocultista o espiritista como la Ouija.
- Culto satánico, brujería, hechicería, símbolos satánicos.

ACTIVIDAD 5
Lean Hechos 19: 17-20 y luego completen esta actividad.

a) ¿Has participado en alguna de estas prácticas mencionadas u otras semejantes?

__ Visualización

__ Contacto con ángeles

__ Raptos relacionados con ovnis

__ Viajes astrales

__ Visión de espíritus

__ Experiencias místicas

___ Meditación trascendental

___ Drogas

___ Música rock satánica

___ Hipnosis

___ El yoga

___ Regresíon a vidas pasadas

b) ¿Tienes familiares o amigos involucrados en estas actividades?

c) Si has participado o tienes familiares u amigos involucrados en estas actividades haz lo siguiente:

    a. Ora pidiendo perdón a Dios y renuncia a estas prácticas.

    b. Ora por tus familiares y amigos que están atrapados en ellas para que sean libres en Cristo Jesús.

    c. Desecha cualquier libro, video, DVD, archivo digital en tu computadora u otro equipo electrónico que difunda estas ideas.

    d. Si tienes hijos, habla con ellos sobre el peligro de estas prácticas y dialoguen sobre cómo enfrentar este peligro con la ayuda de Dios.

Lecturas recomendadas

- Deuteronomio 18:9-12
- 2 Crónicas 33:1-6
- Isaías 44: 1-20
- Juan 17
- Efesios 6:10-20

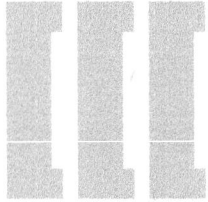

La ambición egoísta
LECCIÓN 5

🚩 Objetivos de la lección

Que el alumno...

- Comprenda cómo las personas, aún los cristianos, pueden llegar a ser esclavos de la codicia.
- Identifique algunas formas de pensar equivocadas respecto al dinero.
- Conozca los principios bíblicos para ser un administrador fiel de sus finanzas.

📎 Recursos

- Biblias en varias versiones o copias impresas de los pasajes de estudio. Por ejemplo: Reina Valera, Nueva Versión Internacional y Biblia en Lenguaje actual.
- Una lámina u otro tipo de presentación (tiras de papel, power point o pizarra) con la lista de los 5 principios que se desarrollan en cada punto de la lección. La idea es ir revelando cada principio al inicio de cada punto
- También puede distribuir unos marcadores para libros impresos con la lista de estos principios que usted u otra persona con estos talentos puede diseñar.
- Si hay un hermano/a en su iglesia que sea un buen administrador en sus finanzas personales o un profesional en el área de las finanzas, se recomienda invitarle a participar de la clase orientando a los hermanos sobre cómo realizar un plan económico familiar y para responder preguntas que surjan de la clase. Pásele una copia de la lección con anterioridad para que venga preparado e instrúyale sobre cuál será el tiempo de la clase en que participará.

Introducción

····o **Pida a un alumno que lea Lucas 16:13 y pregunte a la clase: ¿Puedo servir con fidelidad a Dios y también amar las riquezas? ¿Por qué el servir a las riquezas y servir a Dios están en conflicto? ¿Por qué Jesús nos dice que debemos escoger a uno de ellos?**

Vivimos en una sociedad enamorada de lo material, donde la gente sueña con hacerse rica de la noche a la mañana. A nuestro alrededor todo está preparado para que pongamos nuestra esperanza en un golpe de suerte. En los productos que compramos, nos invitan a llamar por teléfono y ganar premios por sorteo; recibimos cupones de rifas con los tiquetes del supermercado; nos ofrecen billetes de lotería en los semáforos. Pero no todos sueñan con ser ricos solamente, algunos desean también ser famosos. Para ellos se ofrece un vuelo rápido a la fama en programas de televisión como: baile por un sueño, cante por un sueño, responda preguntas y gane dinero. A otros la ambición de poder y riquezas les lleva a tomar un camino corto y peligroso dedicándose a tareas lucrativas pero ilegales.

La ambición desmedida por adquirir posesiones presenta un problema serio a la vida del cristiano. El deseo por el dinero y por adquirir bienes en esta vida se vuelve a veces incontrolable y puede llegar a alejarnos del propósito de Dios para nuestra existencia. Algunos intentan vivir una vida cristiana "normal" y educar a sus hijos en los principios de la Palabra de Dios, pero al mismo tiempo dedican todas sus energías a hacer dinero. Desde la perspectiva de Jesús es imposible satisfacer las demandas materialistas del mundo y al mismo tiempo cumplir con el llamado de Dios para nuestra vida. Jesús es bien claro en este pasaje, hay dos cosas que son irreconciliables: servir al Señor y vivir para la acumulación de riquezas.

····o **Pida a varios alumnos que lean 1 Timoteo 6:6-11 en varias versiones.**

Y pregunte a la clase: ¿Cómo llega una persona a ser esclava del dinero?

¿Será que Dios nos pide hacer un voto de pobreza? No, no hay nada de malo en ser rico, ni hay nada de malo en no serlo. Hay personas que han sido sabios para invertir y tienen más recursos económicos que otros. Pero una cosa es ser rico y otra muy diferente es que la riqueza nos posea, nos controle. El consejo de Pablo a Timoteo es que se cuide de caer en las trampas de Satanás y de hacer cosas "tontas y perjudiciales" que terminarán por destruir su vida. Pablo advierte a su discípulo Timoteo del peligro que acarrea el amor al dinero. El problema no reside en el dinero, sino en confiar que este solucionará todos nuestros problemas.

En esta lección vamos a estudiar el pecado de la codicia. Examinaremos algunas formas equivocadas de pensar respecto al dinero y conoceremos cinco principios de la Palabra de Dios que siguen los buenos administradores.

┃┃┃ Opcional: En esta sección puede instruir a los alumnos para que tomen nota de sus preguntas para el tiempo con el invitado al final de la clase. ┃┃┃

▌▌▌ Estudio Bíblico

PRINCIPIO 1: VÉASE A SÍ MISMO COMO UN ADMINISTRADOR

¿Somos dueños o administradores? El principio fundamental para ser libre de la esclavitud económica es vernos a nosotros mismos en el lugar que nos corresponde respecto a las cosas que nos rodean. El ser humano ha sido creado con la capacidad de ser administrador y no para sentirse dueño del mundo material y de las otras criaturas vivientes.

····················○**Pida a un alumno que lea el Salmo 8: 1-8.**

El rey David nos revela esta gran verdad: Dios creó el universo y nos encomendó todo lo que hay en él para administrarlo. A cada uno de nosotros se nos ha asignado una cantidad de años de vida y una cantidad de bienes para administrar. La gran diferencia entre el dueño y el administrador, es que el dueño se aferra a sus posesiones. Mientras que el administrador sabe que las posesiones no son suyas y así puede manejarlas en forma más desprendida.

Un matrimonio estaba agobiado económicamente por muchas deudas, sobretodo porque cada mes tenían que pagar la hipoteca de su nueva casa. El esposo se dio cuenta de que podían vender esa casa costosa, comprar una más pequeña y más adelante cuando tuvieran ahorrado dinero comprar una casa más cómoda. Cuando le comentó la idea a su esposa ella le dijo: ¡No, la casa no. Cualquier cosa menos la casa!

▌▌▌ **Pregunte a la clase: ¿Quién esta pensando como dueño y quien como administrador en este ejemplo?** ▌▌▌

La esposa estaba apegada a la casa, emocionalmente había hecho un lazo con ella. Esto le impedía tener una visión completa y realista de la situación. Ella sentía que la casa era suya, cuando en realidad la casa era del banco, hasta que ellos terminaran de pagar la hipoteca. Para ser buenos administradores necesitamos desprendernos emocionalmente de las cosas.

·············○ **Invite a los alumnos a comenzar a desprenderse emocionalmente de las cosas que tienen completando la actividad 1.**

PRINCIPIO 2: APRENDA A VIVIR EN CONTENTAMIENTO

La codicia nos lleva a vivir inconformes o insatisfechos. Aprender a vivir contento con lo que tenemos y disfrutar de la vida es el segundo principio importante para llevar nuestra economía en forma satisfactoria. Contentarse es ser feliz y agradecido por lo que uno tiene. Un corazón agradecido a Dios y a otros es indispensable para vivir contento. Contentamiento no es lo mismo que conformismo. Estar satisfecho con lo que tenemos no quiere decir que no tengamos planes para el futuro o que dejemos de trabajar para alcanzar nuestros sueños.

A un consejero de finanzas cristiano llegaron en un mismo día dos personas a pedirle consejo para salir de la situación en que vivían, con la queja de que el dinero que ganaban no era suficiente para sus gastos. El primero era un abogado que ganaba 6.000 dólares al mes; el segundo, un empleado de comercio que ganaba 600 dólares al mes. Ambos tenían el mismo problema: se habían endeudado porque no estaban satisfechos con su nivel de vida. El abogado había comprado una casa más grande y un auto nuevo; el empleado había comprado todos los aparatos electrónicos nuevos para su casa y los usados los regaló a un amigo.

La mayoría de las personas en América Latina creen que tener más dinero les hará más felices y sueñan con tener un estilo de vida como los millonarios que ven en la televisión. Sin embargo si le preguntamos a la gente millonaria si el dinero les ha hecho más felices ¿qué responderían? Una encuesta realizada en Estados Unidos reveló que los ciudadanos eran mucho más felices hace medio siglo que ahora, pero lo curioso es que ¡hoy día consumen el doble en bienes materiales que hace 50 años!

Otro aspecto que debemos tomar en cuenta es que los cristianos latinos no vivimos en una sociedad de abundancia como los países del primer mundo. En nuestros países hay 13 millones de personas pobres. Un 40,6 por ciento de todos los latinos vive en la pobreza y un 16 por ciento vive en la indigencia. Hay un 25 por ciento que vive con menos de dos dólares al día. Estas estadísticas nos dicen que vivimos en el continente con más desigualdad económica del planeta. Perú, por ejemplo, es el país con mayor desigualdad donde el 51.6 por ciento vive en la pobreza y el 10 por ciento de la población más rica se distribuye el 40 por ciento de los ingresos y el consumo del país.[1] Si lo comparamos con Noruega, el país con mayor desarrollo humano del planeta, el 10 por ciento de la población más rica acumula sólo el 23.4 por ciento de los ingresos del país. Esto nos dice que hay una distribución más equitativa de los bienes en estos países. Quizás la pregunta que debemos hacernos es ¿qué haría Jesús si fuera un cristiano latinoamericano hoy? ¿Cuáles serían sus metas económicas?

La verdad que queremos resaltar es que los bienes y el dinero no pueden satisfacer nuestras necesidades emocionales y espirituales, como la necesidad de amor, de alegría, de paz. El dinero puede comprar una casa pero no puede edificar una familia; puede pagar una buena escuela, pero no puede comprar el amor de los hijos; puede comprar un anillo de diamantes, pero no puede garantizar la felicidad de tu pareja. Muchos creen que es la pobreza la que destruye los hogares, pero en realidad son las malas decisiones económicas y la acumulación de deudas las causas de que la relación matrimonial se debilite ante la presión económica.

○ Pida a los alumnos que lean Lucas 12:15 y pregunte a la clase... ¿Si la vida abundante no consiste en la acumulación de bienes, en que consiste entonces?.

Jesús sabía con cuanta facilidad nos olvidamos de "vivir" y la vida se nos pasa buscando formas de hacer más dinero para adquirir cosas materiales y superficiales, en lugar de buscar aquellas que tienen un valor incalculable y eterno. Aprender a vivir, en términos cristianos, significa descubrir cuál es nuestro propósito en la vida, aquel para el cuál, Dios nos ha dotado con capacidades especiales a cada uno y cada una de nosotros. Vivir una vida en abundancia es aprender a disfrutar la vida sirviendo a otros, amando a nuestra familia, levantando a los caídos, adorando a Dios por la belleza que su creación nos regala cada día.

Debemos tener cuidado de creer en las mentiras que difunden los medios de comunicación, la publicidad y los evangelistas de la prosperidad. Decidir vivir cada día agradecidos por lo que tenemos es una actitud que cambiará nuestra vida y nos dará la libertad para vivir con felicidad y paz.

○ Pida a los alumnos completar la actividad 2

---

[1] Datos tomadas del artículo de Vladimir Hernández publicado de la BBC Mundo.com el 10 enero de 2006.

PRINCIPIO 3: APRENDA A SER PERSEVANTE PARA GANAR MÁS

El libro de Proverbios nos habla del peligro de querer hacerse rico en un corto tiempo.

○ **Pida a varios alumnos que lean los siguientes versículos en Proverbios 20:21; 21:5; 28:20 y 28:22.**

Veamos algunos medios peligrosos que toman las personas para acumular dinero en un corto tiempo y que han llevado a muchos a la probreza y hasta la cárcel:

- *Las aventuras económicas de alto riesgo, donde se invierte todo lo que se tiene poniendo a la familia en peligro de caer en la pobreza.*

- *Obtener ganancias por medio de la injusticia queriendo obtener más de la cuenta como ser: prestar dinero a otros poniendo una carga pesada de intereses, aprovecharse de la necesidad del pobre (Proverbios 28:8), querer ganar más de lo justo en los precios por ventas o servicios, pagar de menos a los empleados o negarles los beneficios que marca la ley (Efesios 6:9).*

- *Obtener ganancias por medio de acciones deshonestas o ilegales. En el ambiente de los negocios y las empresas con frecuencia es más importante ganar dinero que decir la verdad. La sociedad ha inventado palabras para describir algunas maniobras como ser: especulación, evasión, fraude, estafa, desfalco, defraudación y otras del uso popular como ser: "pasar dinero bajo la mesa", "mordida", "coima", "mentiras blancas"... entre otras.*

En casi todos los países hay prácticas que pueden no ser del todo legales, pero son tan comunes que la gente llega a aceptarlas como algo incorregible en la cultura. Pero los cristianos no viven bajo la ley humana sino bajo la ley de Dios. Los cristianos no debemos justificar nuestras acciones injustas afirmando "todos lo hacen". Recordemos que Jesús oró por los cristianos que vivimos en este mundo, para que seamos guardados de hacer toda clase de mal (San Juan 17:15). Los hijos de Dios somos llamados a vivir una vida en la verdad, en la justicia y en la santidad. El discípulo de Cristo no engaña a otro en el peso del producto, no miente sobre la calidad de lo que fabrica o vende, no pasa dinero bajo la mesa para ganar una venta, no roba en los impuestos. El cristiano debe destacarse en medio de un mundo corrupto por su honestidad, aunque esa conducta le lleve a ganar menos a los ojos del mundo.

Tener paciencia y ser perseverantes es la tercera clave con respecto a la libertad financiera. Ser pacientes no es rendirnos y sentarnos a esperar un milagro sin hacer nada, sino una paciencia que se mueve hacia delante. La paciencia en las finanzas es algo que no es muy común en nuestro contexto, por el contrario la gente compra pensando que no tendrá otra oportunidad si espera. (Posiblemente porque algunos hemos crecido en países con una historia de devaluación de la moneda donde el salario y los ahorros pierden rápidamente su valor). Pero la situación hoy es diferente en muchos lugares, puesto que debido a la globalización, los que obtienen mejores ganancias son aquellos que administran sus finanzas a largo plazo.

Pida a los alumnos completar la actividad 3

PRINCIPIO 4: AHORRE TODO LO QUE PUEDA

¡Disfruta hoy y paga mañana! ¿Te suena familiar? Si el vendedor nos dijera la verdad el anuncio diría algo así: ¡Disfruta hoy y sé mi esclavo mañana! Las personas que se hacen ricos a expensas de los que caen en estas campañas publicitarias nos han hecho creer que sólo gastando más de lo que ganamos podemos vivir felices. ¿Es esto realmente cierto? No, porque la verdad es que nunca podremos ahorrar gastando. Ambos son contradictorios y opuestos.

Asumir deudas más allá de nuestros ingresos, gastar o arriesgar dinero que no es nuestro, nos lleva a ser esclavos, a vivir endeudados. En Proverbios 22:7 dice que *"el que toma prestado es siervo del que presta".* A nuestro alrededor todo está preparado para comprar hoy y pagar más adelante: créditos, prestamistas, tarjetas de crédito, préstamo hipotecario, préstamos para vacaciones, financiamiento para estudios, crédito para comprar automóvil. Todo esto puede llevar a las personas a una vida de esclavitud, viviendo y trabajando únicamente para pagar deudas.

Lo mismo ocurre con la persona que vive atrapada por las adicciones quien también puede llegar a perderlo todo: la glotonería, el alcoholismo, la adicción al sexo, los juegos de azar, entre otros, llevan a una vida de esclavitud y de pobreza económica.

Los que tienen problemas con su presupuesto es porque gastan más de lo que pueden. Para evitarlo es necesario desarrollar resistencia a la compra, evitando comprar cosas que en realidad no necesitamos y para las cuales no tenemos dinero. Hay que aprender a diferenciar una necesidad real de un deseo, un impulso (como vimos en el pasaje de 1 Timoteo 6:6-11). La forma de vida materialista que nos rodea nos lleva a comprar cosas sin evaluar primero si realmente las necesitamos y es el impulso de comprar el que nos controla y nos hacemos esclavos del consumismo.

Los artículos que no son necesidades sólo deben ser adquiridos cuando nos sobre dinero para ello. A las otras cosas que deseamos les llamamos "lujos" porque podemos prescindir de ellas. Ejemplos de estos lujos pueden ser: vacaciones en el extranjero, un televisor nuevo, ropa de marca, una cena en un restaurante, entre otros. Pero no son artículos de lujo: las medicinas, el pago de los servicios, el pago de impuestos, el pago de las deudas, entre otros.

El rey Salomón, uno de los hombres más ricos de la historia les decía a sus amigos que fueran ahorrativos como las hormigas, quienes trabajan en los meses de verano para tener comida en el invierno. Para ahorrar hay que planificar y para ello debemos comenzar haciendo una lista de nuestras necesidades, luego hay que revisarla y eliminar todo aquello que no vamos a usar en un corto tiempo, sobre todo en artículos perecederos.

···o Pida a los alumnos completar la actividad 4

PRINCIPIO 5: DÉ TODO LO QUE PUEDA

Se cuenta la historia de un hombre ambicioso que se dijo a sí mismo: "voy a atesorar todas las riquezas que pueda." Y trabajó para eso. Todas las energías de su vida las dedicó a acumular más dinero y posesiones. La última voluntad de este hombre al morir fue que lo enterraran con todo su dinero dentro del ataúd, puesto que quería llevarse todo su dinero con él. Y así fue que le llegó el día y murió. Como estaba establecido en su testamento, su mayordomo, que siempre había estado a su lado, hizo los arreglos del sepelio y la sepultura, teniendo además la responsabilidad de poner todas las riquezas de su difunto jefe en el ataúd. Para ello usó la potestad que su patrón le había otorgado sobre todas sus cuentas y bienes. Cuando llegó la hora, el mayordomo hizo un cheque a nombre del difunto y lo puso en el ataúd. Al final de todo el mayordomo fue quien se quedó con todas las riquezas que este hombre había acumulado en su frenética vida.

La codicia es una forma de materialismo. La codicia es un apetito desordenado por acumular riquezas, quita la paz y causa sufrimiento. La persona codiciosa tiene una visión incorrecta de sí misma, del valor de su vida y la de los demás. En la Biblia nos enseña que no podemos poner un valor económico a la vida humana. Nuestro valor como individuos reside en que somos creación de Dios, en la capacidad de relacionarnos con Él, de servirle y de vivir eternamente con Él y para Él. En el momento en que una persona se valora a sí misma y a otros por lo que tienen, ha perdido la perspectiva correcta de Dios. Una persona que toma decisiones sobre una visión incorrecta del valor de la vida humana traerá sufrimiento e infelicidad a sí mismo y a todos los que le rodean.

Jesús advirtió sobre estos peligros en Lucas 12:15: *"Y les dijo: Mirad, y guardaos de toda avaricia; porque la vida del hombre no consiste en la abundancia de los bienes que posee"*. El amor al dinero conduce a la avaricia, lo cuál es opuesto a la generosidad que debemos practicar los hijos de Dios.

En Mateo 6:19-21 hay una orden directa de Jesús a sus discípulos: *"No os hagáis tesoros en la tierra, donde la polilla y el moho destruyen, y donde ladrones entran y hurtan; sino haceos tesoros en el cielo, donde ni la polilla ni el moho destruyen, y donde ladrones no entran ni hurtan. Porque donde esté vuestro tesoro, allí estará también vuestro corazón."* ¿Dónde está anclada nuestra vida? ¿Dónde está depositada nuestra seguridad? El Señor nos advierte sobre anclar nuestra vida en cualquier cosa pasajera o transitoria, en lugar de anclarla en Jesucristo la roca eterna.

Dios quiere que desarrollemos la cualidad de la generosidad en nuestro carácter. La generosidad nace en un corazón satisfecho y agradecido. Un corazón donde vive el Espíritu de amor de Dios busca continuamente formas de expresar ese amor a los demás. Esta generosidad no es semejante a la del mundo. Aún las personas no creyentes dan limosnas a los indigentes, dan dinero para obras de caridad y ¡hasta contribuyen con trabajo voluntario para obras de bien social! Pero el compromiso de dar que tiene el cristiano es muy superior a esto.

Cuando la Biblia nos habla de dar se refiere a mucho más que al aporte de dinero. Dios espera que nosotros nos entreguemos en la misma medida en que Cristo se entregó por amor a nosotros (Efesios 5:2). Es una entrega que incluye todo lo que tenemos, pero también todo lo que somos, todo nuestro tiempo, nuestras capacidades, nuestros sueños y ambiciones.

La vida del cristiano, así como la de su Señor, debe ser una vida de entrega completa y continua. El discípulo de Cristo debe agradecer por cada oportunidad que tiene de contribuir para la obra de Dios. Hay al menos tres áreas en las que el cristiano tiene el privilegio de dar:

Dar para su familia. Los padres cristianos tienen la responsabilidad de cuidar bien de sus hijos, educarles en los caminos de Dios y prepararles en cuanto les sea posible para que sean personas de provecho en la vida. Un padre o madre cristiano que es avaro con su familia no es un buen ejemplo para sus vecinos, ni para sus propios hijos. Hay personas que muestran generosidad para con los necesitados y para ofrendar en la iglesia, pero son avaros con su propia familia.

Es importante enseñar a los hijos algunas cosas como estas:

a. El valor del dinero, dándoles un poco para que ellos lo administren de acuerdo a su edad y a medida que van creciendo animarles a ganar su propio dinero y administrarlo con sabiduría.

b. Dar el diezmo y ofrendas, así como el ahorro para comprar sus cosas.

c. Administrar sus entradas fijas en lugar de acostumbrarles a que el dinero viene de una fuente inagotable.

d. A ganar su propio dinero: Un pastor evangélico animaba a sus hijos a ser independientes económicamente de una manera poco usual: cuando graduaban del colegio secundario ya no les daba más la "quincena" que solía darles antes para sus gastos personales para que salieran a buscar trabajo, a fin de evitar que se volvieran unos "mantenidos".

Dar para la obra de la iglesia. Las iglesias cristianas se sostienen con los diezmos, ofrendas y contribuciones de los creyentes. El dar para la obra de Dios es una responsabilidad y un hermoso privilegio que asumimos como pueblo de Dios. Algunas personas cometen el error de dar a Dios lo que les sobra. Muchos pudiendo dar un billete ponen en la ofrenda unas monedas de poco valor. Pero la Biblia nos enseña a dar en la misma medida en que recibimos de Dios (Deuteronomio 16:16-17).

························o **Pida a los alumnos completar la actividad 5**

Dar para los necesitados: La Biblia nos enseña a compartir con los necesitados pudiendo ser estos personas pobres o hermanos que están en problemas económicos (Efesios 4:28).

En ocasiones se puede presentar la oportunidad de ayudar a un amigo y la Palabra nos recomienda ser prudentes.

▌▌▌ Pregunte a la clase: ¿Conoce usted a alguna persona que haya salido de fiador para un amigo o extraño y tuvo que asumir la deuda porque el otro no pagó? ¿Conoce a alguien que prestó dinero a un "amigo" y lo perdió? ▌▌▌

············o **Pida a un alumno que lea Proverbios 17:18 y luego pregunte a la clase: ¿Qué hará usted la próxima vez que un amigo o extraño le pida que salga de fiador?**

La Biblia no nos dice que debemos ser avaros, o negar la ayuda a un amigo. Pero no es sabio prestar del dinero que es para cubrir las necesidades de nuestra familia. Una buena regla es: "Nunca preste dinero que no esté en condición de regalar, pues es mejor regalar el dinero que perder un amigo por causa del dinero".

·····o **Si hay hermanos o hermanas interesados en saber como se hace un presupuesto anime a la clase ha realizar la Actividad 6 en la semana y pedir a su "experto invitado" que responda las preguntas de la clase. O bien puede usar una clase adicional para ampliar más este tema y ayudar a las personas a hacer su plan de finanzas familiar.**

▌▌▌ Termine la clase haciendo un repaso de los cinco principios leyendo la lista en voz alta con los alumnos. ▌▌▌

Definición de términos claves

- **Consumismo:** Tendencia exagerada al consumo o adquisición de bienes.

- **Materialismo:** Es la tendencia a dar excesiva importancia a los bienes materiales. Ha dado lugar a la doctrina filosófica que consiste en admitir como única realidad, la sustancia material, negando la espiritualidad y la inmortalidad del alma humana.

- **Presupuesto:** es un plan para distribuir y usar el dinero de las entradas. En el caso de personas casadas es muy importante hacerlo entre los dos esposos. Hacer un presupuesto ayudará a visualizar cuanto se gasta y en qué se gasta. Ayuda a hacer recortes en los gastos y a hacer planes de ahorro para el futuro.

- **Codicia:** deseo intenso o ambición por acumular dinero o adquirir posesiones materiales u otras cosas.

- **Avaro, avara:** persona que se niega a compartir con Dios y con otros lo que tiene, o que pudiendo dar más se niega a hacerlo. La avaricia es lo opuesto a la generosidad.

Resumen

La codicia o ambición egoísta es causa de mucho sufrimiento y males en este mundo y es lo opuesto a la actitud generosa que Jesús demanda de sus discípulos. A fin de que no seamos arrastrados por la corriente consumista del mundo que nos rodea, la Palabra nos desafía a construir nuestra vida económica basados en cinco principios saludables: vernos como administradores, aprender a vivir en contentamiento, aprender a ser perseverantes, ahorrar todo lo que se pueda y compartir todo lo que podamos.

ACTIVIDAD 1

Escriba a continuación una lista de lo que hay en las habitaciones de su casa. Los esposos pueden trabajar esta actividad juntos.

Por ejemplo, en la cocina: mesa, sillas, refrigerador, cocina, alacena, comida. Al terminar con cada habitación haga una oración de entrega de esas pertenencias al Señor.

Cocina	Dormitorios	Sala	Comedor	Cochera/ Bodega	Baños	Patio/ Espacios verdes

ACTIVIDAD 2

1. Según el apóstol Pablo en Filipenses 4:12-13 ¿Cuál es la clave para vivir satisfecho?

_____

2. Mira esta lista de "Cosas que hacen mi vida abundante para hacer esta semana" que hizo un padre cristiano y luego escribe la tuya.

- Jugaré con mis hijos en el fondo de la casa
- Visitaré a mi madre, le leeré la Biblia y oraré con ella
- Ayudaré a pintar la casa a don Pedro, mi vecino de 87 años.
- Llevaré esa bolsa de ropa que ya no usamos para los necesitados.
- Sorprenderé a mi esposa/o con una cena romántica en casa

Mi propia lista:

_____

_____

_____

_____

_____

3. ¿De quien depende la decisión de ser feliz en el lugar en que hoy me encuentro económicamente y con los recursos que tengo en este momento de mi vida?

_____

_____

_____

ACTIVIDAD 3
¿Qué consejo daría usted? Lea los siguientes ejemplos y resuelva los problemas que se plantean.

Los mejores administradores hacen compras inteligentes. Por ejemplo: tu puedes comprar un auto nuevo, pero tienes que saber que en el momento en que lo saques de la agencia de ventas tu vehículo ya perdió valor. Si lo vendes en los meses siguientes tendrás que restarle un buen porcentaje. Ahora, generalmente si compra el mismo automovil, con unos pocos años de uso, pero en buenas condiciones ahorrarás mucho dinero.

Veamos otro ejemplo: tu puedes comprar un refrigerador a crédito o al contado. Para comprarlo a crédito no entregas nada al principio, pero pagarás durante 1 año cuotas de $ 60 dólares por mes. En total habrás pagado al final del año $720 dólares. Al contado cuesta 400 dólares y además le hacen un descuento del 5 por ciento, si pagas en efectivo, lo que queda en 380 dólares. ¡Si esperas y ahorras los 60 dólares cada mes, en menos de siete meses puedes comprarlo y habrás ahorrado 340 dólares!

Otra práctica provechosa es ser selectivo en lo que se compra. Es decir, siempre que puedas asegúrate de que estás comprando algo de calidad y al mejor precio. Este mismo principio puede aplicarse a casi cualquier cosa que tú necesites. El que ahorra más es el comprador inteligente.

Problema 1

Estoy por ir a comprar pantalones. En una tienda ví unos de muy buena calidad que cuestan 20 dólares. Pero un amigo me avisa que se compró en el centro una oferta de pantalones de marca desconocida (de esos que me compre el año pasado y se rompieron a los dos meses), la oferta es compre uno y lleve otro a mitad de precio y salen en 15 dólares el primero y 7.50 el segundo. ¿Qué haría un comprador inteligente?

Problema 2

Me ofrecen un automovil modelo 2000. Si lo compro de contado me sale en 3,500 dólares. Pero aunque tengo casi todo el dinero puedo usarlo en otra cosa y pagarlo en cinco años. El anticipo es de 1000 dólares y luego debo pagar cuotas de 100 dólares por mes. ¿Cuánto estaré pagando en total? (para resolverlo multiplique 100 por 60 meses y súmele los 1,000 del anticipo). ¿Qué harías si estuvieras en su lugar?

ACTIVIDAD 4
Identifique las necesidades básicas con una letra "N" y los deseos con una letra "D".

El siguiente ejercicio te ayudará a diferenciar las necesidades básicas de los deseos que no son necesidades básicas.

1. Alimentos	11. Medicinas	21. Juguetes
2. Camisa	12. Auto	22. Jabón para ropa
3. Zapatos	13. Casa propia	23. Cosméticos
4. Bistec de Lomo	14. Vivienda	24. Perfume
5. Helado	15. Pastel de cumpleaños	25. Mascotas
6. Vacaciones	16. Regalos de Navidad	26. Gaseosa
7. Televisor	17. Transporte	27. Nuevo telefono Celular
8. Computadora	18. Comida en restaurante	28. Útiles escolares
9. Radio	19. Turismo a la playa	29. Suscripción de cable
10. Chocolates	20. Herramientas	30. Gimnasio

Nota: alguna de estas cosas pueden ser necesidad o deseo dependiendo del uso que se le va a dar. Por ejemplo una computadora es indispensable para ciertos trabajos o estudios, pero no lo es si sólo es para entretenimiento. Lo mismo ocurre con el TV y la radio. Una vivienda es indispensable, pero no necesariamente una casa propia. Las vacaciones son necesarias, pero no siempre necesitamos hacer turismo costoso. Los regalos de navidad es una tradición en muchas familias para demostrarse cariño, pero no son indispensables porque no es la única forma de decir a otro cuanto lo amo. La idea de este ejercicio no es privarnos de ahora en más de todo lo que deseamos, sino de limitar los deseos a la medida de nuestras posibilidades económicas para no entrar en deudas innecesarias.

ACTIVIDAD 5
Lea esta reflexión y escriba debajo su opinión sobre lo leído y comparta luego con la clase sus observaciones.

"En América Latina los cristianos necesitamos crecer en generosidad y asumir nuestra responsabilidad por la extensión del reino de Dios en este mundo. Por muchos años hemos sido bendecidos con donaciones de hermanos de otros países para la compra de propiedades y para el sostenimiento de nuestro liderazgo.

Años atrás una alumna del Seminario en Buenos Aires le preguntó a su profesor de historia, el misionero Norman Howerton: ¿La gente que dió las ofrendas para la construcción de los primeros templos en Argentina, era gente rica de los Estados Unidos? El le respondió: No, este es un concepto equivocado que tiene la gente aquí. Cuando se recogieron estas ofrendas, era el tiempo de la recesión económica en mi país (años 1929-1939) y la gente no tenía trabajo. Recuerdo que trabajábamos todo el día en el campo cosechando algodón por un dólar y cada nazareno ofrendaba la paga de un día para las misiones. No era fácil dar ese dinero, pero las personas lo hacían por amor.

Los cristianos no provenimos de una familia avara, por el contrario, nuestros orígenes se remontan a la iglesia primitiva que se distinguía por su generosidad (Hechos 2:44-45). La historia de las iglesias de santidad y de nuestra denominación está llena de ejemplos de personas que dieron con sacrificio y se dieron a sí mismas generosamente para extender el reino de Dios. Dar con sacrificio es dar más allá de lo que podemos dar, o sea privarnos voluntariamente de algo para dar este valor a la obra de Dios (2 Corintios 8:3).

El dar con generosidad es parte de nuestra identidad y es uno de los mayores privilegios que la vida nos brinda. Dios pone en nosotros el deseo y la medida en que debemos dar, cuando tenemos un corazón dispuesto".

¿Qué opino y qué haré al respecto?

_____

_____

_____

ACTIVIDAD 6
Modelo para elaborar su presupuesto familiar y controlarlo.

Gastos estimados	Monto asignado del total ingresos
Diezmo y ofrendas	
Vivienda (alquiler, hipoteca, impuestos, luz, servicios, cable, internet, etc.)	
Transporte (auto,impuestos, gasolina, mantenimiento, autobús)	
Comida y limpieza	
Deudas (tarjetas, préstamos)	
Gastos Médicos (dentista, médico, medicinas, cuota de seguro, etc)	
Vestimenta	
Ahorros	
Educación (libros, cuotas, útiles, uniformes)	
Seguros (de auto, casa, de vida u otro)	
Gastos varios (revistas, peluquería, regalos, lavandería, otros)	
Recreación (restaurantes, vacaciones, paseos y otros)	
Imprevistos	
Suma total:	

LECTURAS RECOMENDADAS

- Marcos 12:41-44
- 2 Tesalonicenses 3:7-12
- Santiago 1:9-11

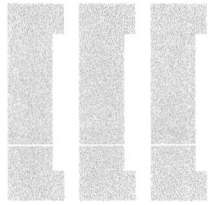

No dejes que las emociones te manipulen

LECCIÓN 6

Objetivos de la lección

Que el alumno...

- Conozca sobre el lugar que tienen las emociones en su vida conforme al diseño del Creador.

- Comprenda la importancia de admitir las emociones en lugar de reprimirlas o expresarlas descontroladamente.

- Identifique heridas del pasado para resolverlas y el proceso para apaciguar las emociones negativas que estas activan.

- Tome la decisión de no dejar que las emociones del pasado o del presente estorben su crecimiento espiritual.

Recursos

- Caricaturas, fotos o audiovisual (power point u otro) que muestre personas expresando diferentes emociones.

Introducción

⬦ **Muestre los recursos audiovisuales y complete la actividad 1.**

Lea cada una de las declaraciones de la actividad y pida a los alumnos que lean a su vez las respuestas en voz alta. Las respuestas serán algo así: me dio ira, tuve ganas de salir corriendo, hice un gesto de disgusto, le eché la culpa a mi marido... Luego pregunte: ¿qué pensamientos pasaban en su mente mientras experimentaban estos sentimientos? Permita que se expresen de manera informal sobre sus emociones sobre estos sentimientos buenos o malos, pero sin juzgarse a sí mismos sobre si esos sentimientos eran correctos o incorrectos, o sobre qué debieron sentir.

Luego haga una oración pidiendo a Dios que les ayude a reconocer la relación que existe entre nuestros pensamientos y nuestras emociones.

Estudio Bíblico

1. LAS EMOCIONES SIN CONTROL NOS LLEVAN A PECAR

⬦ **Pida a dos alumnos que lean Efesios 4:26,27 y 1 Pedro 5:7,8.**

En estos dos pasajes se nos advierte sobre cómo Satanás trata de aprovecharse de nuestras emociones cuando nos enojamos o estamos ansiosos, para llevarnos a tomar decisiones incorrectas en nuestra mente y pecar.

¿Donde se originan las emociones? Las emociones son producto de los pensamientos. Si nuestros pensamientos no están centrados en lo correcto, en la verdad, generarán emociones negativas. A veces creemos que las emociones son moldeadas y las reacciones impulsadas desde afuera, o sea por lo que ocurre a nuestro alrededor o por lo que otras personas hacen. Si pensamos de esta manera llegaremos a la conclusión de que el desborde emocional es algo que no se puede contener, de manera que no podemos hacer nada para detener el enojo, la ira, los desplantes, y otras manifestaciones. Pero esto no es cierto, no es el ambiente el que moldea tus emociones y tus reacciones, sino lo que hay en tu mente, o sea, cómo tú percibes lo que ocurre a tu alrededor.

La verdad es que: Dios es quien determina quién eres y no los sucesos que rodean tu vida. Dios te ha dado la facultad de decidir cómo vas a interpretar estos sucesos y cómo vas a manejar las presiones que la vida te ponga adelante. Si nosotros decimos: ¡Esa persona me hizo enojar! Lo que en realidad estamos diciendo es: ¡Yo no tengo control sobre los pensamientos que generan estas emociones y guían mis reacciones! No podemos dominar las emociones, pero sí podemos controlar los pensamientos. Es por eso que es tan importante llenar nuestra mente de la verdad revelada en la Palabra de Dios. Si nosotros aprendemos a ver la vida y a las personas como Dios las ve, podremos responder a las circunstancias con la misma madurez que lo hizo Jesús.

Si lo que creemos no refleja la verdad, entonces los sentimientos tampoco responderán a la realidad, sino a una forma torcida de percibir la misma. La única fuente de verdad sobre nuestra vida y todo lo que nos rodea es Dios. Es por eso que se nos anima a creer la verdad, pensar en la verdad y vivir en la verdad (Juan 13:17). Cuando prefieres creer en tus propios pensamientos en lugar de creerle a Dios, tu comportamiento estará lejos de la voluntad de Dios. Es muy importante que el cristiano aprenda a reconocer sus emociones, o de lo contrario no podrá impedir que estas le lleven a hacer cosas de las que deba arrepentirse.

Las emociones nos han sido dadas por Dios para desempeñar un rol esencial en nuestra vida. Son los indicadores que nos muestran lo que sucede en nuestro ser interior, o sea, en nuestra alma. Por ejemplo, nosotros tenemos indicadores que nos comunican lo que pasa en nuestro físico: cuando sentimos dolor agudo acudimos al médico; cuando sentimos agotamiento, descansamos, cuando sentimos sed, bebemos.

Las emociones juegan el mismo rol pero para hacernos saber cómo están nuestros sentimientos, nuestro corazón. Entonces cuando sentimos amor, lo demostramos, nos abrazamos, nos decimos cosas lindas, nos miramos con afecto. Cuando sentimos gozo, sonreímos, cantamos, alabamos; cuando sentimos pena lloramos, ponemos cara triste, se nos van las fuerzas; cuando nos enojamos gritamos o dejamos de hablar, cerramos la puerta con violencia o nos aislamos en nuestro cuarto.

Las emociones son los semáforos que nos indican cómo está nuestra salud emocional. De la misma manera que respondemos a las señales físicas, tenemos que aprender a responder a las señales emocionales.

2. ¿CÓMO RESPONDER A LAS EMOCIONES?

Hay tres maneras en que las personas responden a las emociones: la negación, la expresión descontrolada y el reconocer los sentimientos y buscar ayuda. Veamos cada una de ellas.

La negación conciente de los sentimientos

○ Pida a dos voluntarios que lean Salmos 32:3-6 y Salmos 39:1-2.

Los Salmos son oraciones y cantos en que las personas expresan delante de Dios sus emociones. En estos dos Salmos los autores hablan de su propia experiencia personal en cuanto al dolor que les ha causado tratar de reprimir u ocultar sus emociones.

Suprimir las emociones por completo es tan dañino que llega a enfermar a las personas. Es una respuesta incorrecta que daña a la persona y también su relación con Dios y con otras personas.

Las emociones se embotellan y la persona se vuelve como una olla de presión que está lista para estallar en cualquier momento. Explota internamente y en privado o explota en público. Negar a las emociones su expresión puede llevar a la enfermedad mental, al asesinato y al suicidio.

La expresión descontrolada

[[[Lea Santiago 1:19-20.]]]

En este caso el apóstol nos advierte del otro extremo, dar rienda suelta y expresar las emociones de manera indiscriminada. Esta forma de tratar con las emociones es tan dañina como la anterior. Expresar las emociones puede servir para dar lugar a que salga el dolor, pero la forma en que se expresa suele dañar a otras personas. Luego de haber estallado, la persona siente que se sacó un peso de encima pero en el proceso dañó a sus hijos, a su cónyuge, a sus amigos o a sus hermanos.

Enfrentar las emociones de manera realista

La opción más saludable es ser sincero con nosotros mismos y con Dios primeramente sobre lo que estamos sintiendo. Para ello debemos reconocer que las emociones nos han sido dadas por Dios y son parte de su imagen labrada en nosotros. Hay personas que piensan que sólo deben orar cuando están felices y agradecidos. Pero esto no es lo que vemos en los ejemplos de la Biblia.

[[[Lean Salmos 109:1-13, 26, 30.]]]

El mejor lugar donde podemos dar expresión a nuestras emociones es frente a nuestro Creador, en la intimidad de nuestra comunión con Él. Dios nos ama incondicionalmente, frente a Él podemos mostrarnos tal cual somos y podemos expresar lo que pensamos. Nada de lo que le confesemos de nuestros sentimientos cambiará su amor por nosotros. A Dios no le va a sorprender nada de lo que podamos decir; al contrario a Él le agrada que seamos sinceros y transparentes con Él.

Probablemente nosotros sintamos la necesidad de volver con Dios y pedirle perdón por la oración que hicimos cuando estábamos en el momento de angustia y de presión. A Dios le agrada que hagamos esto, porque sabe que es en este proceso de abrir nuestro corazón y expresar nuestros sentimientos que el Espíritu Santo puede producir sanidad en nuestra alma y corazón.

Si cuando estamos enojados y frustrados oramos fingiendo que nada pasa, estamos mintiéndole a Dios y siendo hipócritas. Esta era la acusación que Jesús hizo a los fariseos. Dios no escucha estas oraciones. Delante de Dios si no eres sincero no eres santo; Él quiere que hablemos la verdad en todo tiempo.

Cuando liberamos nuestra carga delante de Dios y permitimos que sane nuestras emociones evitamos que otros sean dañados.

3. ¿CÓMO TRATAR CON LA CARGA EMOCIONAL DEL PASADO?

Nuestro crecimiento en la santidad depende, además de enfrentar las emociones de manera realista, de cómo tratamos con las heridas emocionales del pasado. Todas las personas tenemos en nuestra historia de vida experiencias dolorosas que nos han dejado heridas y cicatrices emocionales. Ejemplos de experiencias amargas pueden ser:

- Haber sufrido abuso físico o emocional de un familiar.
- Haber sido traicionado por un amigo.
- Haber sufrido un accidente o enfermedad que te incapacitó de alguna manera.

- Haber sido rechazado o privado de amor y cariño.

- La muerte de un ser querido.

- Un divorcio.

- Haberse asustado mucho.

Estas u otras experiencias dolorosas dejan en la persona una "carga emocional", y son cicatrices que se llevan dentro.

·o Pida a los alumnos que miren las líneas de sus manos. Luego explique: de la misma manera que estas líneas no se borran, las heridas emocionales permanecen dentro de ti, son las marcas que la vida te ha dejado.

Estos sentimientos se activan cuando ocurre algo en el presente que nuestra mente asocia con ellos. Por ejemplo: en el pasado tuviste un jefe autoritario e insensible que se llamaba Pedro y ahora 20 años después en otro empleo te presentan al nuevo jefe de nombre Pedro. Tu reacción probablemente será diferente a si su nombre fuera José, pues José fue tu mejor amigo de la infancia de quién tienes recuerdos muy gratos. Nuestra respuesta emocional, o sea, nuestras reacciones, se basan en nuestra biografía y los sentimientos que tenemos grabados de nuestro pasado. Puede ser que estas emociones sean imperceptibles para ti, pero se activan cuando escuchas o ves algo que trae a tu mente esta experiencia desagradable.

¿Qué hacer cuando ocurre esto? Para evitar que el pasado domine sobre tu presente debes aprender a vivir con estos sentimientos que hay en ti. El primer paso, cuando afloran o se activan estos sentimientos, es concentrarte en el presente y distinguir entre los sentimientos del presente y la dolorosa experiencia del pasado. A las emociones del pasado se les llama emociones primarias. Es importante entonces detenerse unos instantes para reflexionar y evaluar estas emociones a la luz de la verdad. De esta manera podemos permitir que nuestra mente controle nuestras emociones, en lugar de que estas emociones primarias desgasten nuestra vida. Cuando estas emociones primarias se hacen manejables por tu mente se les llama emociones secundarias.

·o Veamos unos ejemplos en la actividad 2. Lea cada declaración en voz alta y pida a los alumnos que sugieran ideas de cómo podemos evaluar el asunto y cómo puede ser la emoción secundaria resultante. En la hoja de actividades vienen sugerencias pero permítales a ellos completar estas ideas.

||| Puede ocurrir que algún alumno quiera contar una experiencia y eso será muy saludable para el aprendizaje. Anime a la clase a tratar con las emociones del pasado de esta manera y así ir madurando más y más en la santidad cristiana. |||

4. ¿Cómo tratar con experiencias del pasado?

En el punto anterior hablamos de cómo tratar con la carga emocional. Ahora hablaremos de algo aún más difícil que es cómo tratar con los recuerdos dolorosos de nuestra historia personal.

Todos tenemos personas o hechos que han influenciado negativamente en nuestra vida. No hay recetas mágicas que puedan borrar de nuestra memoria estos episodios amargos, pero hay una buena noticia para todos nosotros y es lo que dice 2 Corintios 5:17: *"De modo que si alguno está en Cristo, nueva criatura es; las cosas viejas pasaron; he aquí todas son hechas nuevas."*

Lo que dice el apóstol Pablo aquí es que en Cristo hemos sido libres de nuestro pasado. Esto significa que el Espíritu de Dios puede sanarte de tus heridas si se las entregas a Él. Esto no ocurrirá instantáneamente, así como las heridas de tu cuerpo necesitan tiempo para sanar y cicatrizar, tus emociones van a ir sanando poco a poco.

Sin embargo, para que lo anterior ocurra tú tienes que hacer algo: tienes que perdonar. El perdón es lo único que nos puede liberar de nuestro pasado y es la clave para que inicie el proceso de curación. Hablaremos más sobre el perdón en la próxima lección.

o Complete la actividad 3.

Terminen la clase con una oración poniendo su pasado en las manos de Dios y pidiendo sanidad para esas heridas que han dejado huellas en las vidas. Pidan ayuda de Dios para tratar adecuadamente con la carga emocional del pasado en esta semana.

Definición de términos claves

- **Emociones:** Las emociones son una intensa alteración del ánimo la cual puede ser agradable o desagradable. Por ejemplo, una emoción es aquello que sentimos cuando ganamos un premio frente a una multitud o aquellas tan comunes "mariposas" en el estomago que se dan en el proceso de enamoramiento.

- **Ira, airarse:** La ira es una emoción que expresa un fuerte sentimiento de desagrado hacia algo o hacia alguien.

- **Heridas emocionales:** Una herida emocional es un trauma causado por una mala experiencia del pasado. Esta experiencia puede ser algo ocurrido en un momento (como un accidente) o una experiencia que se ha repetido durante mucho tiempo (como el maltrato). Las heridas emocionales dejan cicatrices profundas en las emociones y afectan la conducta de una persona.

Resumen

Las emociones no son malas. Nos han sido dadas por nuestro Dios y por medio de ellas podemos conocer lo que pasa en nuestro mundo interior, es decir nuestros sentimientos y nuestro corazón. Es muy importante aprender a reconocer nuestras emociones y responder a ellas con la mente de Cristo. No es bueno reprimir las emociones, tampoco es bueno dejarlas fluir de manera descontrolada. El cristiano maduro aprende a enfrentar sus emociones de manera realista, abriendo su corazón con su Dios (su amigo más íntimo) y permitiendo que su carga emocional fluya. En este diálogo íntimo es donde se produce la sanidad de las heridas del pasado, lo cuál no ocurre de un día para otro sino como fruto de un proceso de restauración. Las malas experiencias del pasado deben ser reconocidas y sanadas, para que no interfieran negativamente en nuestras relaciones en el presente.

ACTIVIDAD 1
¿Cómo se siente en casos como estos...?

- Estás cambiando la rueda del automóvil en una ruta donde se averió y se rompe la herramienta que más necesitas.
- Estás cocinando y se te olvida bajar el fuego por lo que la comida comienza a oler a quemado.
- Estás manejando distraído y casi golpeas al automóvil de adelante que frenó de improviso.
- Llegas del trabajo cansado/a y encuentras que el perro de tu vecino ha hecho sus necesidades en tu vereda por quinta vez esta semana, y te han dejado el "regalito" aunque tú ya le has pedido varias veces a tu vecino que limpie lo que ensucia su perro.
- Estás conduciendo y el automóvil de atrás te toca la bocina todo el tiempo para que te apures.
- Estás sentado cómodamente mirando tu programa favorito de televisión y tu madre te pide que saques la basura.
- Descubres a tu hijo adolescente viendo pornografía por internet.
- Descubres que tu hija está saliendo con el "vago" del barrio, que no va a la iglesia y al que no se le conoce ninguna ocupación de utilidad.
- Tu jefe te llama la atención porque no estás rindiendo en el trabajo como él espera de ti.
- Un compañero/a de trabajo te acusa a ti por algo que era su responsabilidad y no hizo.

ACTIVIDAD 2
¿Cómo poner las emociones del pasado bajo control?

Primer caso: Estás cocinando y se te olvida bajar el fuego, por lo que la comida comienza a oler a quemado.

- Hecho del pasado: Tu madre y padre te decían: ¡eres un inútil! y ¡no sirves para nada!, cuando no podías hacer algo bien.
- Emoción primaria: rencor, odio
- Evaluación mental: Ya no soy un niño. El hecho de que cometa un error u olvido demuestra que soy humano y mi mente no es perfecta. Esta comida se puede volver a hacer o reemplazar por otra.
- Emoción secundaria: Aumenta la aceptación y compasión de sí mismo (autoestima), y baja la furia.

Segundo caso: Descubres que tu hija está saliendo con el "vago" del barrio, que no va a la iglesia y al que no se le conoce ninguna ocupación de utilidad.

- Hecho del pasado: Estuviste de novia con un joven no cristiano que te engañó y se extralimitaba contigo.
- Emoción primaria: ansiedad, desesperación.
- Evaluación mental: Mi hija es del Señor, yo se la he entregado a Él. Aunque esté saliendo con este muchacho no significa que él la hará sufrir como me pasó a mí. Seguiré siendo amiga de mi hija, continuaré dándole mi amor, oraré por ella y por este joven y si Dios me da la oportunidad podré aconsejarla si ella tiene alguna necesidad en el futuro.
- Emoción secundaria: preocupación sin desesperación y regresa la paz al corazón.

Tercer caso: Un compañero/a de trabajo te acusa a ti por algo que era su responsabilidad y no hizo.

- Hecho del pasado: Tu padre siempre te presionaba para que te defiendas de los ataques de tus compañeros que te golpeaban en el patio de la escuela.

- Emoción primaria: Rabia, venganza.

- Evaluación mental: Dios conoce la verdad de esta situación. Confío en que Él saque a la luz la verdad de este asunto. No me toca a mí vengarme de mis enemigos.

- Emoción secundaria: La rabia disminuye y aumenta la confianza en Dios.

ACTIVIDAD 3
Evaluación de mis emociones

a. ¿Qué fue lo más importante para mi vida que aprendí en esta lección?

_____

_____

_____

b. ¿En qué manera necesito la ayuda de Dios para tratar con mis emociones en esta semana?

_____

_____

_____

c. ¿Cuáles son las reacciones frecuentes en que manifiesto esa carga emocional que traigo de mi pasado?

_____

_____

_____

d. Una experiencia dolorosa de mi pasado que necesito resolver es…

_____

_____

LECTURAS RECOMENDADAS:

- 1 Samuel 1:1-28
- Salmos 62
- Salmos 69
- Salmos 119:25-32
- Salmos 143

Mis notas

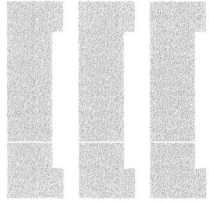

Los efectos contaminantes de la falta del perdón

Objetivos de la lección

Que el alumno...

- Comprenda que las ofensas no perdonadas nos llevan a una vida de amargura.
- Tome conciencia de la cadena de pecados que arrastra tras de si la amargura.
- Confiese si hay amargura en su vida.
- Ore para ser perdonado y perdonar a los que le han ofendido y lastimado.
- Tome la determinación de no acumular más resentimiento y amargura en su vida.

Recursos

- Recortes de noticias de periódico que son producto de la falta de perdón, como ser crímenes pasionales, venganzas, etc. Si no tiene suficientes para todos los alumnos puede reunirlos en grupos.

Introducción

Vamos a iniciar nuestro estudio bíblico reflexionando sobre una fábula que no es de la Biblia pero que nos ayudará a comprender mejor el problema de la resistencia a perdonar.

·········o Pida a los alumnos que completen la actividad 1.

⦀ Mientras los alumnos leen la fábula escriba la siguiente lista de los efectos contaminantes de la falta de perdón en la pizarra. ⦀

Efectos contaminantes de la falta de perdón

1. Relaciones rotas
2. Personas con corazones heridos
3. Amargura
4. Efectos sobre la salud
5. Orgullo herido
6. Vergüenza
7. Odio
8. Rebelión
9. Aislamiento
10. Ingratitud
11. Falta de deseo para continuar viviendo
12. Dolor

⦀ Cuando finalicen la lectura pregunte a la clase: ¿Cuáles de los efectos contaminantes de la falta de perdón que se enumeran en esta lista se ven en esta fábula? ⦀

·········o Reparta las noticias de periódico. Pida a los alumnos completar la actividad 2.

Vivimos en una sociedad donde no se practica el perdón. La venganza, el odio, el rencor y la amargura, se han apoderado del corazón de las personas y así como una enfermedad contagiosa pasa de los padres a los hijos, de los abuelos a los nietos y continúa destruyendo la vida de las personas.

En esta lección y en la siguiente, vamos a hablar sobre el problema de la resistencia a perdonar cuando somos lastimados o a pedir perdón cuando hemos hecho daño. Veamos la salida que nos ofrece la Palabra para terminar con esta plaga en nuestra vida.

▓▓▓ Estudio Bíblico

1. Perdonar es el estilo de vida del discípulo de Cristo

▓▓▓ Lea con la clase al unísono Mateo 6:12 y 13. ▓▓▓

En esta oración modelo que nos dejó el Señor encontramos que la condición que Dios pone para perdonarnos es que nosotros también perdonemos a los que nos ofenden y lastiman. Jesús sabía que una de las tentaciones más frecuentes para el cristiano es resistirse a perdonar.

En esta oración vemos que perdonar no es una opción, sino una condición para pertenecer a la familia de Dios. No es algo que puedo dejar para mañana, la próxima semana, o el año que viene. Negarse a perdonar de inmediato, es pecado, es dejarse llevar por el mal, en lugar de hacer el bien.

Quien guarda cosas en su corazón contra su hermano no es digno de ser discípulo de Cristo, no porque Dios lo excluya, sino porque con sus hechos está demostrando que Jesús no es el rey de su vida. Donde no hay perdón, hay odio, rencor, venganza, resentimiento y otros frutos del egoísmo. Por el contrario, cuando nosotros perdonamos, permitimos que el poder y la gloria de Dios fluyan por medio de nuestra vida y toquen la vida de los otros. La gloria de Jesucristo se manifestó en la cruz del Calvario, no porque Jesús llamó a un ejército de ángeles y se vengó de sus torturadores, sino cuando el pronunció las palabras: "Padre perdónalos…" (Lucas 23:34).

¿De donde viene la amargura? La amargura surge de la resistencia a perdonar. Perdonar, es una decisión. Cuando nos negamos a perdonar la herida emocional en lugar de sanar se convierte en amargura.

La herida emocional se puede producir cuando alguien nos hace algún mal o daño con sus palabras o sus acciones, lo que nos causa una mala experiencia. Estas pueden ser: maltrato verbal, violencia física, engaños, robos, chismes, rebelión, falta de atención, entre otros. Cuando no hay perdón esta herida no sana y la persona se llena de amargura. La amargura produce un dolor muy profundo. Así como una herida en la carne cuando no sana se infecta, una herida emocional que no sana se convierte en amargura.

En otros casos la ofensa puede venir de algo que nosotros percibimos o suponemos que es una ofensa, así sea la otra persona consciente o no de que nos hemos sentido lastimados.

···o Complete la actividad 3

Algunas personas se equivocan pensando que con el tiempo, las ofensas se llegan a olvidar y la amargura se va. Por el contrario, todo lo que no se perdona de inmediato, crece y se multiplica como una mala semilla, que llega a contaminar toda la vida hasta que todo crecimiento bueno se paraliza. Como explica Winkie Pratney : "Cuando hay amargura, te concentras en lo que esa "persona malvada" te ha hecho; creas un archivo, y lo titulas: "Cosas malas que esa persona me ha hecho". Este archivo es bastante grande, y cada vez que esa persona hace algo que te molesta o que no te agrada, lo archivas con el resto de las heridas". Este archivo crece y se hace más grande, y hay personas que guardan en su mente muchos archivos como estos para diferentes personas.

Es por eso que el autor de Hebreos nos advierte sobre el peligro de dejar brotar en nuestra vida esta raíz de amargura.

||| Lea Hebreos 12:12-15. |||

La amargura no sólo afecta al que no perdona sino que contamina la vida de todos los que le rodean. La amargura paraliza nuestro crecimiento en la vida santa, nos aleja de Dios y por último nos llevará a perder la salvación. La amargura va consumiendo poco a poco los frutos del Espíritu en nuestra vida, se lleva el gozo, la paz, la paciencia y todo lo demás, llevando al creyente a un estado a veces peor que el que tenía antes de aceptar a Cristo como Salvador.

2. La amargura nos arrastra a multitud de pecados

La persona que permite que la amargura tome control de su vida, comienza un proceso de caída en un abismo de pecado. Esto se inicia con la desobediencia a perdonar, que como vimos en el punto anterior, es pecado, es desobedecer a un mandamiento que Jesús nos ha dado, y el pecado nunca viene sólo. Por lo general el pecado inicial es como la locomotora de un tren carguero y trae consigo más y más pecados adheridos. Veamos entonces lo que nos enseña la Palabra sobre las señales y pecados que se manifiestan en una persona que se ha llenado de amargura.

La amargura nos separa de otras personas

Quien está enfermo de amargura actúa como los animalitos lastimados que se echan a lamer sus heridas. Los pensamientos negativos le invaden, se llena de auto compasión, sintiendo lástima por sí mismo.

Se esconde de la gente porque teme exponerse a ser herido nuevamente. A veces el encierro es en su cuarto o en su casa, otras veces es en sí mismo. Algunos andan con caras largas, otros muestran una sonrisa que en realidad no es verdadera y dicen que están bien. Pero en realidad tienen miedo de confiar en otras personas, de abrir su corazón lastimado y exponerse a recibir más daño.

Este aislamiento en realidad no ayuda, porque también les aparta del amor y las palabras de ánimo y comprensión que otros pueden darle. Lo cierto es que las personas tristes, quejosas, negativas o angustiadas alejan a otros de su lado. Es por eso que Proverbios 18:14 dice: *"El ánimo del hombre soportará su enfermedad; más ¿quién soportará el ánimo angustiado?"*

La amargura nos vuelve desagradecidos

Cuando uno está continuamente sintiendo lástima de sí mismo o enfocado en uno mismo llega a pensar que es una víctima y que tiene derecho a ser restaurado. En otras palabras siente que todo el mundo le debe una disculpa y que él o ella no le deben nada a nadie.

En 2 Timoteo se habla de un caso extremo de esta condición. Una baja autoestima lleva a necesitar todo el tiempo que le levanten el ego, que le alaben por lo que uno es y por lo que hace.

o Pida a un alumno que lea 2 Timoteo 3:1-2.

Las personas ingratas no son amables con quienes les sirven, se vuelven exigentes y maltratan a quienes tienen alrededor. Con el fin de alabarse a sí mismos, menosprecian a otras personas, señalando sus errores y las cosas por las que se cree a sí mismo superior a los demás. Una persona así llega a amarse solamente a sí mismo, el o ella se convierten en su propio Dios.

La amargura nos lleva a juzgar con dureza a los demás

○ **Pida a un alumno que lea Mateo 7:1-5.**

Debido al daño que ha recibido (o que ha creído recibir) la persona amargada se siente con derecho a erigirse por juez de los demás. No puede dejar de juzgar a otros y lo hace mal, porque al hacerlo lo que busca es señalar los defectos y los errores, en lugar de enfocarse en lo positivo o en lo bueno de los otros.

La persona amargada juzga a los demás no basado en pruebas o hechos concretos, sino en suposiciones, en lo que "siente" o "piensa" que es la verdad, pero no puede probar lo que dice. En realidad, cuando el amargado emite palabras de juicio contra una persona ya la ha condenado, como se ha visto en los ejemplos de la actividad 2.

En este pasaje de Mateo se nos dice que debemos cuidarnos de juzgar a otras personas. Los seres humanos no estamos en capacidad de juzgar las intenciones que hay en el corazón, sólo Dios puede hacerlo. Esto significa que debemos dejar esto en las manos de Dios, en lugar de querer usurpar lo que está dentro de las áreas de responsabilidad que Dios ha reservado para sí mismo. El apóstol Pablo nos advierte de la gravedad de erigirse por juez sobre las intenciones de otros.

[[[Lea Romanos 2:1-2.]]]

Lo único que los seres humanos estamos en capacidad de juzgar son hechos concretos, o sea cosas que podemos ver. Por ejemplo en Mateo 7:20 Jesús dijo: ... *"por sus frutos los conoceréis"* y en Juan 7:24 nos dice: *"No juzguéis según las apariencias, sino juzgad con justo juicio."*

El problema de la amargura es que desequilibra la balanza de la justicia y nos hace perder la objetividad de los hechos concretos que están frente a nuestros ojos. La medida con que Dios nos juzga se rige por la justicia y la verdad, pero también por el amor y la misericordia. La persona amargada, como está cegada por su resentimiento, no puede ver el cuadro completo. La verdad y la justicia son reemplazadas por su propia opinión de las cosas. El amor y la misericordia no están presentes en su juicio, ya que estos, no pueden habitar en un corazón cargado de odio y deseos de venganza.

El amargado no sólo juzga sin misericordia, sino que esparce estos juicios en forma de rumores y crítica destructiva para dañar la reputación de otras personas.

La amargura produce una actitud de rebeldía y terquedad

La persona amargada alberga en su interior sentimientos de ira y enojo que buscan expresarse de alguna manera. Esta ira busca vengarse por el daño recibido, o sea devolver el mal que le han hecho, pensando que de esta manera su dolor se aliviará. Este deseo de "venganza" se muestra en una actitud de rebeldía hacia todos los que tienen alguna función de autoridad, especialmente los que ocupan funciones semejantes a las de la persona que le ha lastimado.

Por ejemplo, una persona que ha sido lastimada por su padre, puede mostrar rebelión hacia toda figura masculina de autoridad que se presente en su vida, como ser, su pastor, su jefe, su esposo, entre otros. Por otro lado, si continúa bajo el liderazgo de alguien que le ha ofendido (o cree haber sido ofendido) puede mostrar resistencia a sujetarse y rebelión.

La persona amargada se resiste a obedecer a otras personas o tiene problemas de sujeción debido a varias razones:

a. Desconfía del amor de estas personas y de sus buenas intenciones hacia él o ella.

b. En su búsqueda de levantar su autoestima, se vuelve egoísta y soberbio lo cuál es opuesto a la actitud de humildad que requiere para someterse al liderazgo de otra persona.

c. Por sus heridas, se cree con autoridad o sea, con derecho a juzgar y condenar todo lo que el líder hace o dice.

d. Se cree con derecho a que su opinión o sus ideas sean consideradas más importantes que las demás. Se cierra y se vuelve obstinado/a centrándose en sus propios pensamientos, desvalorizando otras opiniones.

Lo más grave de esta actitud de rebeldía es que finalmente termina apartándonos de Dios. Nuestra opinión y nuestra voluntad llegan a tener más peso que la Palabra y la voluntad de Dios. Hay resistencia a obedecer al Señor, lo que puede llevarnos a buscar otros caminos u otros dioses que estén de acuerdo con nuestros deseos. En la Biblia las personas del pueblo de Israel frecuentemente caían en idolatría cuando Dios no respondía o no les daba lo que ellos creían que merecían.

········o Pida a un alumno que lea 1 Samuel 15:23 y pregunte a la clase ¿Con qué pecado asocia el profeta Samuel la actitud de rebelión y el corazón obstinado?

La amargura, si no es corregida, llevará tarde o temprano a la persona a vivir en enemistad con Dios, como escribe Matthew Henry: "Ninguna cosa provoca a Dios tanto como la desobediencia, al poner nuestra voluntad en oposición a la suya. Por eso se la llama rebelión y obstinación, y es tenida, respectivamente, por tan mala como la brujería y la idolatría. Vivir en desobediencia al verdadero Dios es equivalente a servir a otros dioses."

La persona rebelde pone su destino en sus propias manos. En su corazón "adivina" su propio futuro ya que cree que sabe para donde va. La persona obstinada sólo hace lo que quiere hacer y no deja que nadie gobierne su vida. Esto es idolatría o sea seguir a su propia voluntad quien es su dios personal. Cuando la persona terca y rebelde hacia Dios, llega a tener una posición de liderazgo en su familia o en la iglesia, lo que hará será desviar a las personas de la obediencia al verdadero Dios, para llevarlos a servir a sus propios deseos y a su propia voluntad egoísta. En ocasiones estas personas dan una falsa apariencia de piedad y se vuelven expertos para interpretar la Palabra de Dios y usarla para decir lo que ellos quieren y para que las personas les idolatren y les obedezcan. Son líderes que no escuchan otras opiniones, sólo pueden trabajar con gente que está muy por debajo de su nivel y suelen volverse autoritarios.

Las personas amargadas se asocian entre sí

La necesidad de recibir compasión lleva a la persona amargada a buscar el remedio por medios equivocados tratando de llamar la atención sobre sí mismo. Una vez que ha captado la atención de otros, la persona amargada contagia con su amargura a todos cuantos puede. No es algo que se haga intencionalmente pero la amargura es como una herida infectada o una fruta podrida que no puede evitar contaminar o dañar la vida de los que están cerca.

La persona amargada se siente mejor en compañía de otras personas que están en su misma condición. La persona rebelde se siente cómoda entre otros rebeldes. A Moisés le tocó enfrentar a un grupo de personas que se habían asociado en rebelión con Coré.

··o**Pida a un alumno que lea Números 16:1-3.**

Coré dirigió una rebelión contra Moisés, el líder que Dios había llamado para guiar a su pueblo. Coré logró que 250 hombres importantes se asociaran a él. Ellos estaban enojados con Moisés porque les había sacado de Egipto, donde tenían algunas comodidades que obtenían a cambio de la esclavitud. Culpaban a Moisés por no haberlos introducido todavía en la tierra prometida. Pero al levantarse contra Moisés y Aarón lo estaban haciendo también contra el Dios que los había llamado para cumplir esa función de liderazgo. Dios respaldó a su líder destruyendo a las familias de los hombres que diseminaron la amargura y la rebelión entre el pueblo.

Los rebeldes muchas veces disfrazan su rebeldía con una falsa espiritualidad y logran engañar a muchas personas. La característica de estas personas es que usan métodos o tácticas mundanas para lograr sus propósitos, como ser: diseminar chismes, dañar la reputación de otros, distorsionar los hechos, menospreciar lo bueno de otros, hacer planes en secreto para dañar a otras personas y esconderse en el anonimato (o sea, tiran la piedra y esconden la mano).

La persona amargada tiene una actitud defensiva

Toda persona que es lastimada por otro tiende a culparse a sí misma. En su interior piensa que podría haber hecho algo para impedir que esta experiencia dolorosa le sucediera. Esto le lleva a sentirse culpable; culpable por no haber hecho nada para impedirlo, o culpable por haber hecho algo para merecer lo que le ha pasado. También se siente culpable por no perdonar y por hacer cosas para vengarse del ofensor.

Como respuesta natural para librarse de la culpa, la persona la proyecta sobre otras personas. En su interior se convence de que haciendo parecer a otros como más culpables, el peso de su propia culpabilidad será más fácil de llevar. Es por esto que la persona amargada se vuelve un experto para justificar sus malos sentimientos y sus acciones, dice por ejemplo: "yo tengo una buena razón para estar amargado, ¿es que tu no sabes lo que ellos me hicieron?", o "yo estaré equivocado, pero lo otros lo están más que yo". Si habla mal de otros dice: "tengo derecho a decir la verdad". Si le habla a alguien duramente señalando sus errores y defectos, lastimando sus sentimientos, dice: "yo soy así, esta es mi manera de ser" indicando que los otros tienen que aceptarlos como ellos son. Si la otra persona se sintió herida no admite que sea por su culpa, sino ¡por su gran sensibilidad!

Cuando llegan a ocupar posiciones de autoridad usan como excusa su responsabilidad o posición para tratar con dureza a las personas y culparles de su propia ineficiencia.

································o **Pida a los alumnos completar la actividad 4 y 5**

3. ¿Cómo ser libre de la esclavitud de la amargura?

La única manera de salir de la trampa de la amargura es cuando le permitimos a Dios sanar nuestras heridas. ¿Cómo recibimos esta sanidad?

La Mente Reenfocada en Cristo

¡Perdonar al ofensor es la clave!

El primer paso es perdonar al ofensor. Uno de los mejores ejemplos que nos ofrece la Palabra es la actitud perdonadora de David. David tenía motivos reales para estar enojado con Saúl, quien le había pagado mal por bien. Sin embargo David, nunca le devolvió mal y aún cuando tuvo la oportunidad de vengarse, no lo hizo. David sabía que Saúl era un líder equivocado, pero también sabía que Dios lo había puesto por rey de Israel y que si levantaba su mano contra él, estaría rebelándose ante la voluntad de Dios. David sabía que no le tocaba a él condenar al rey por sus hechos.

En aquellos tiempos no había elecciones como tenemos hoy día en nuestras iglesias, donde el pueblo podía aprobar a desaprobar a sus líderes según los frutos de su liderazgo. Un rey lo era hasta su muerte. David nunca le deseo mal a Saúl. Él sabía que Saúl un día estaría delante de la presencia de Dios y sería juzgado por todas las injusticias que había cometido contra él y contra otras personas (I Samuel 16-31).

¿Cómo se debe perdonar?

Hace unos años atrás existía una costumbre para reconciliar a los niños cuando se peleaban. Se les ponía a uno frente a otro y el que había ofendido tenía que decir: "Perdóname" y el ofendido tenía que decir: "Te perdono" y luego se daban un abrazo para sellar el pacto. No es que esto estuviera mal, pero no era muy efectivo porque la iniciativa no partía de los niños, sino de las personas mayores y lo que resultaba era un acto fingido de pedir perdón.

Para perdonar a alguien hay que ser honesto, comunicar al otro lo mucho que nos ha herido con sus palabras o sus acciones. Fingir que lo que el otro hizo en realidad no nos ha lastimado o que ya pasó, cuando no es verdad, no ayudará para sanar las heridas.

Para perdonar tampoco hay que justificar o excusar a la otra persona por el mal que ha hecho. Cada cristiano tiene que aprender a ser responsable por lo dice y por lo que hace. De esta manera estaremos ayudando al ofensor a corregir su conducta, en lugar de que siga haciendo daño a otras personas.

Perdonar tiene que ser incondicional, o sea sin importar lo que nos hayan hecho. No tenemos la opción de escoger que cosas vamos a perdonar y cuáles no. Aún en los casos en que no podamos enfrentar al agresor, o que el agresor no admita su culpabilidad, o que ya murió, debemos perdonar y entregarle esta persona al Señor.

Perdonar de verdad es bendecir al ofensor, o sea desearle cosas buenas, devolver bien por mal (Mateo 5:44).

¿Cómo saber cuando se ha perdonado de verdad?

Cuando se ha tomado una decisión de perdonar y no ha sido sólo de labios para afuera o sólo una buena intención, sino que nos hemos determinado a "borrar el archivo" donde habíamos registrado la deuda que esa persona tenía con nosotros, es cuando realmente se ha perdonado. Sólo Dios y nosotros podemos saber si hemos perdonado en verdad. No debemos esperar que como resultado de haber perdonado, inmediatamente nos llenemos de sentimientos de amor hacia el ofensor, sin embargo hay algunos frutos o resultados que vendrán a nuestra vida paulatinamente cuando perdonamos. Estos son:

- La paz retorna al corazón.

- Deseamos el bien para el ofensor

- Al estar presente frente a esa persona o recordarlo no sentimos resentimiento.

- Podemos orar por el bienestar del ofensor.

Una vez que hayamos limpiado nuestra mente de estos archivos dañinos que hemos guardado durante días, semanas, meses o incluso años, tenemos que impedir que se vuelvan a acumular, perdonando cualquier ofensa y buscando sanidad del Espíritu en cualquier circunstancia en que nos sintamos heridos o tratados injustamente.

Termine esta lección con oración como se indica en la actividad 6.

Definición de términos claves

- **Autoestima:** o autoapreciación es la opinión emocional profunda que las personas tienen de sí mismas.
- **Obstinado:** terco, cabeza dura.
- **Amargura:** sentimiento de pena aflicción o disgusto.
- **Resentimiento:** sentir hostilidad contra una persona o un grupo que consideras que te trató mal. Ira no resuelta sobre un acontecimiento negativo que te ha sucedido. Enfurecimiento que se siente siempre que se habla de una determinada persona o acontecimiento y que te causa desconfianza y sospecha al tratar con ellas. Es la evidencia de que no se ha perdonado. Puede surgir contra uno mismo cuando ha fracasado en alguna meta en la que se ha invertido mucho tiempo y energía. Suele ser en algunos casos, un sufrimiento prolongado y en silencio o en el otro extremo, producir acciones de violencia verbal o física contra los causantes del daño.

Resumen

Cuando alguien nos ofende de palabra o hecho y lastima nuestros sentimientos, se produce en nosotros una herida emocional que si no es sanada de inmediato por el Espíritu Santo se convierte en amargura. La amargura es un dolor profundo que nos llena de resentimiento, de pensamientos negativos, nos roba la esperanza, nos hace ver lo negativo y lo feo de las cosas y las personas y finalmente nos lleva centrarnos en nosotros mismos y en nuestros deseos y pensamientos. El aislamiento, la rebelión, la ingratitud, la terquedad, son algunas de las manifestaciones pecaminosas que produce la amargura. La amargura no se conforma con dañar a la persona, sino que también contagia a todos los que la rodean. La única manera de ser libre de la amargura es perdonando al ofensor y esto es posible solo por el poder del amor de Dios actuando en nosotros.

ACTIVIDAD 1

En su libro Perdonar y Olvidar, el autor Lewis Smedes relata la siguiente fábula que se ha adaptado para usar como material de discusión.[1]

La pequeña fábula de los ojos mágicos

En la aldea de Faken muy al interior de Holanda vivía un alto y esbelto panadero llamado Fouke. Tenía el mentón largo y la nariz aguda. Fouke era un hombre tan recto que parecía que la rectitud salía de su boca hasta tal punto que la gente prefirió no acercarse a el.

Hilda su esposa era una mujer redonda con brazos llenitos y un cuerpo bien formado. Hilda era lo opuesto a su esposo y la gente se acercaba porque era una mujer calurosa que compartía con otros.

Hilda respetaba a su esposo, y lo amaba también hasta donde Fouke le permitía. Pero su corazón anhelaba algo más de él que su rectitud. Su cama era testigo de su necesidad expresada en sus lágrimas. Una mañana, después de haber trabajado su masa de pan para los hornos, Fouke regresó a la casa y encontró otra persona en la cama con su esposa.

El adulterio de Hilda llegó a ser la conversación de las tabernas y el escándalo de la iglesia de Faken. Todos asumieron que Fouke la echaría de la casa, porque era tan recto. Pero sorprendió a todos diciendo que Hilda continuaría siendo su esposa y que la perdonaba como manda la Biblia.

Pero dentro de su corazón, sin embargo, Fouke no podía perdonar a Hilda por traer la vergüenza a la casa y a su nombre. Cuando pensaba en su mujer, sus sentimientos hacia ella estaban llenos de ira y dureza. La menospreciaba como si fuera una prostituta común. Realmente la odiaba por traicionarlo después de que él había sido tan buen esposo para ella. Solamente estaba fingiendo perdonar a Hilda para que con su misericordia recta la pudiera castigar.

Pero en el cielo vieron la hipocresía de Fouke. Cada vez que Fouke sentía su odio secreto a Hilda un ángel bajaba del cielo y dejaba caer una piedrecita en su corazón. Cada vez que caía una piedrecita, Fouke sintió un dolor en su corazón, como el dolor que sintió cuando vio a Hilda en los brazos de otro. Entonces la odiaba más aún, su odio le trajo más dolor y el dolor le trajo más odio. Se multiplicaron las piedrecitas. Y el corazón de Fouke llegó a ser muy pesado, hasta el punto que su torso se inclinaba adelante por el peso. Fouke se sentía tan cansado que comenzó a desear la muerte.

El ángel que había dejado caer las piedrecitas en el corazón de Fouke le visitó una noche y éste le preguntó como podía quitarse el dolor y el peso. Solamente había una cura para el corazón herido. Fouke necesitaría el milagro de los ojos mágicos. Necesitaba ojos que pudieran mirar como antes que comenzara su dolor, para no ver a Hilda como la mujer que le había defraudado, sino como una mujer débil que lo necesitaba. Solamente una nueva manera de ver las cosas a través de ojos mágicos, podría sanar la herida y el dolor de ayer.

Fouke protestó. "Hilda es culpable nada puede cambiar el pasado, ni siquiera un ángel". "Si pobre hombre herido, dijo el ángel, tienes razón, no puedes cambiar el pasado, solamente puedes curar la herida que viene del pasado. Y solamente puedes sanarlo a través de la visión con ojos mágicos". Fouke le preguntó: "¿y como puedo adquirir estos ojos mágicos?" El ángel respondió: "solamente tienes que pedirlos y los recibirás. Y cada vez que veas a Hilda con tus nuevos ojos, una piedrecita se irá de tu corazón doliente".

---

[1] Lewis B. Smedes Forgive and Forget: Healing the hurts we don't Deserve (Perdonar y Olvidar: sanando las heridas que no merecemos). USA: Pocket Books 1984.

Fouke no podía pedir al principio porque había llegado a amar a su odio. Pero el dolor en su corazón por fin lo motivó y comenzó a pedir los ojos mágicos prometidos por el ángel. Pidió y el ángel respondió. Pronto Hilda comenzó a cambiar ante los ojos de Fouke, increíble y misteriosamente. Comenzó a verla como una mujer con necesidades que le amaba en vez de una mujer mala que le había defraudado.

El ángel cumplió su promesa: quitó las piedrecitas del corazón de Fouke una por una, aunque pasó un tiempo largo hasta que todas fueron removidas. Gradualmente Fouke sintió su corazón más liviano, comenzó a caminar derecho otra vez, y su nariz y su mentón parecían menos agudos. Invitó a Hilda a entrar de nuevo en su corazón y ella vino, y comenzaron una caminata juntos llenos de gozo y humildad.

ACTIVIDAD 2
Examine las noticias del periódico y responda a las siguientes preguntas:

1. ¿Cuáles son las causas detrás de éstas noticias?

_____

_____

_____

_____

2. ¿En qué se parece lo que ocurre en nuestra sociedad a lo que narra "La pequeña fábula de los ojos mágicos"?

_____

_____

_____

_____

ACTIVIDAD 3
¿Le ha pasado alguna vez algo como esto?

a. Una amiga se compró los mismos zapatos que me gustaban y pienso que lo hizo con mala intención porque otra amiga mutua que sabía que me gustaban y se lo dijo.

b. Dos amigos están hablando, riendo y me miran. Me siento ofendido porque pienso que se ríen de mí.

c. Mi esposo olvidó traer el pastel de cumpleaños de nuestro hijo y ahora ya cerró la pastelería. Me siento ofendida por que pienso que no ama a su familia lo suficiente.

d. Mi esposa le puso ese condimento a la comida que no me gusta y pienso que ya no me ama como antes.

e. El hermano no me saludó hoy en el culto y hasta miró para otro lado, pienso que lo hizo adrede y me siendo ofendido por este desaire.

f. El pastor olvidó mencionarme entre la lista de los que hemos trabajado en el proyecto, me siento dolido porque pienso que no valora mi trabajo y ya no me quiere en su equipo.

Tu experiencia: _____

_____

_____

_____

_____

ACTIVIDAD 4
Responda a las siguientes preguntas con Si o No para saber si... ¿Hay en mi vida amargura?

___ ¿Hay alguna/s persona/s que ha/n hecho algo que me molestó y que no he perdonado aún?

___ ¿Pongo mala cara silenciosamente en su presencia o ante la mención de su/s nombre/s?

___ ¿Me siento mal cuando la música, una película, o un programa de televisión me recuerda las interacciones desagradables que he tenido con el/ella/ellos.

___ ¿Hablo de una manera burlona o degradante de el/ella/ellos?

___ ¿Tengo pesadillas o pensamientos desagradables sobre el/ella/ellos?

___ ¿Me veo bloqueado en mis esfuerzos de crecimiento personal sin saber por qué?

___ ¿Me siento furioso/a sin razón aparente?

___ ¿Me siento deprimido/a, abatido/a, y me cuesta salir de esos momentos en que me siento negativo/a?

___ ¿Evito de mencionar o discutir cualquier tema que esté relacionado con mi último disgusto o malestar acerca de esa/s persona/s?

___ Aprieto los dientes y sonrío cuando realmente deseo gritar al oír hablar de esa/s persona/s?

___ Finjo entusiasmo por estar con esa persona cuando en realidad preferiría no saber nada de el/ella/ellos?

ACTIVIDAD 5
Haga una lista de las ofensas que otros le han causado, identifique con una "R" aquellas que al recordarlas reacciona con resentimiento, rencor y amargura y una "A" ante las cuales reacciona con amor y misericordia.

_____	_____
_____	_____
_____	_____
_____	_____
_____	_____

ACTIVIDAD 6
Guía para la oración

1. Pida a Dios que le perdone por haber guardado resentimiento o amargura en su vida y por no haber perdonado antes a esta/s persona/s.

2. Comunique a Dios su decisión de perdonar a quienes le han ofendido.

3. Pida a Dios que perdone a quienes han pecado contra usted.

4. Pida a Dios que cambie su resentimiento por amor por esta/s persona/s y que le ayude a demostrarlo.

5. Pida a Dios que le ayude a hablar con esta/s persona/s a quien/es ha perdonado para comunicarle/s cómo le había/n ofendido y que Dios le ha ayudado a perdonarle/s de corazón. Si ha hecho algo vengativo contra el/ella/ellos como hablar mal, rebelión, etc… pídale a Dios que le dé el valor para confesar su pecado y pedirle/s perdón.

LECTURAS RECOMENDADAS:

- Génesis 16, 21 y 27
- Génesis 33, 37, 39, 42-47
- Mateo 5:38-42
- Mateo 5: 43-48
- Mateo 18: 21-35
- Efesios 4:26-32

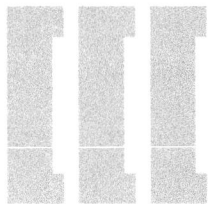

La restitución: El arrepentimiento que mueve a la acción
LECCIÓN 8

Objetivos de la lección

Que el alumno...

- Conozca la enseñanza de la Palabra sobre la disciplina de la restitución.
- Valore los beneficios que el hacer restitución aporta a su vida y su crecimiento en la experiencia de santidad.
- Comprenda el proceso para rectificar el daño causado a otros.
- Haga un plan personal para restituir a aquellos que ha ofendido o dañado en su vida pasada y presente.

Recursos

- Diccionarios, o trozos de papel con definiciones de la palabra "restitución".
- Pizarra o lámina de papel para escribir.

Introducción

o **Comience la lección pidiendo a los alumnos que completen la actividad 1.**

¿Alguna vez ha estado en una situación como las que se mencionan en esta actividad? ¿Ha sido usted la víctima o el ofensor? ¿Qué ha hecho al respecto? ¿Ha experimentado sentimientos de tristeza, remordimiento, dolor, culpa o de indiferencia?

¿Qué es lo que un cristiano debe hacer en casos como estos? La Biblia dice que debemos restituir…

Escriba en la pizarra la palabra RESTITUIR y permita que los alumnos aporten sus ideas personales y definiciones de los diccionarios. Luego escriba esta definición y pregunte si les parece que están de acuerdo con ella: "Restituir es… regresar y rectificar los daños hechos, pedir perdón por algo que estuvo mal hecho a los ojos de Dios." Quizás quieran agregarle algo para obtener una definición de la clase.

Estudio Bíblico

1. LA RESTITUCIÓN DEL DAÑO CAUSADO A LA PROPIEDAD DE OTRO.

Dentro de las enseñanzas que Dios dió al pueblo de Israel por medio de Moisés, se encuentran aquellas que tienen que ver con la restitución. Éxodo 22:1-8 presenta una serie de leyes para reparar daños causados a otros intencionalmente o sin intención. ¿Cuáles fueron las restituciones ordenadas en la ley para el pueblo de Dios en el Antiguo Testamento para cada una de las ofensas que se mencionan?

o **Pida a los alumnos que completen la la actividad 2.**

2. EL DAÑO CAUSADO A LA PROPIEDAD DE OTRA PERSONA ES PECADO.

También en Levítico 6:1-7 y Números 5:5-10 encontramos otras leyes en cuanto a la retribución en caso de daño a la propiedad de otra persona por fraude o violencia.

o **Pida a dos alumnos que lean estos pasajes.**
Luego pregunte a la clase: ¿De qué tipo de ofensa al prójimo habla este pasaje de

Levítico 6? ¿A quién ofende la persona que hace estos daños además de a su prójimo?
¿Qué tipo de restitución se aplica en estos casos? ¿A quiénes se debe retribuir? ▮▮▮

En el texto original de estos pasajes en idioma hebreo, "daño" describe una ofensa por la que se puede hacer una compensación. Esta retribución del daño debía ser completa.

En el caso de Levítico se llega a conocer el pecado por la confesión. En algunos de los casos mencionados, si el ofensor no dice nada, probablemente nunca se conocería lo malo que ha hecho. Confesar a mi hermano las ofensas es parte del proceso de restauración. Para el ofensor reconocer que hizo daño es un paso que le llevará al arrepentimiento. El arrepentimiento verdadero consiste en sentir dolor por lo que he hecho (mis pecados). El ofendido tiene oportunidad de expresar su dolor al que le hizo daño y además perdonarle.

El pago que se agregaba -un 20 por ciento más del valor en la cancelación de la retribución- era una muestra de arrepentimiento y sincero interés de restablecer la relación que se había roto. No se trataba de un chantaje para "comprar" el perdón, sino una muestra del deseo de hacer lo posible para borrar la angustia que había causado a su hermano con sus acciones.

En estos pasajes queda claro que pecado es tanto ofender a Dios, como ofender a otra persona. Pecar contra otra persona se considera de la misma gravedad que pecar contra Dios. Ofender o causar daño a cualquier ser vivo o a la creación de Dios es causar daño a Dios mismo. Ambos pecados nos alejan de tener comunión con Dios y no serán perdonados sin arrepentimiento genuino.

Para el pueblo de Israel la relación entre religión y ética debía ser inseparable, o sea su forma de vivir debía reflejar al Dios en quien ellos creían y a quien adoraban y servían.

3. LA RESTITUCIÓN MASIVA

En la historia del encuentro de Jesús con Zaqueo podemos observar un caso de restitución masiva. Zaqueo era jefe de los publicanos, posiblemente para toda la provincia de Jericó. Él había sacado provecho de su posición para enriquecerse. ¿Qué ocurrió cuando este hombre se encontró con Jesús?

◉ ·······················○ **Pida a los alumnos que completen la actividad 3.**

4. LA RESTITUCIÓN DE LAS HERIDAS EMOCIONALES

En los pasajes bíblicos estudiados vimos diferentes situaciones en las que una persona puede verse involucrada en daños a otros y cómo los hijos de Dios restituyen estos agravios en obediencia a la voluntad de Dios. La restitución -ya sea del daño voluntario o involuntario- es requisito para crecer en la vida de santidad que Dios espera de cada miembro de su pueblo.

Asimismo, se observa que en la mayoría de estos casos bíblicos, se hace restitución material (especialmente propiedades). Sin embargo, la restitución no se limita a eso, sino que abarca las heridas emocionales provocadas a otras personas, lo cual es mucho más difícil que hacer restitución material. En última instancia, cualquiera que sea el tipo de restitución, esta siempre enseña al creyente a desarrollar la disciplina de la humildad. Para admitir nuestras faltas frente a otros se requiere de valor, pero sobre todo humillarnos y pasar por ese momento vergonzoso al tener que pedir perdón.

La restitución de las ofensas que hemos hecho a otros puede ser de muchas clases: Palabras hirientes, diseminar chismes, desprestigiar al otro, mentir, robarse el crédito por una idea o un trabajo que hizo el otro, acoso sexual, trato áspero, ignorar a los demás, entre muchos otros...

||| Pregunte a la clase: ¿Cree usted que es más fácil devolver algo robado o pedir perdón por haber ofendido a una persona? |||

Dios no nos pide hacer restitución porque sea fácil. El cristiano que quiere vivir en obediencia a Cristo debe desarrollar esta disciplina de la restitución en su vida, sin importar el costo de humillación que deba pasar al hacerlo. Tampoco debemos pensar que somos mejores cristianos que otros porque somos capaces de ser humildes en este aspecto. Recordemos que es el poder de Dios obrando en nosotros el que hace posible que llevemos a cabo este acto de obediencia y que la humildad y el valor para reconocer nuestras faltas proviene del Espíritu Santo de Dios que habita en nosotros.

5. RESTITUIR ES EL MODO DE VIDA DEL CRISTIANO

La restitución -o sea regresar y reparar el daño que hemos hecho- no es fácil, ni es popular. Para los cristianos es una cuestión de obediencia, cuyo beneficio es la libertad de los sentimientos de culpa que se producen en su interior cuando sabe que ha obrado mal.

Lucas registra las palabras del apóstol Pablo en Hechos 24:16: *"...procuro tener siempre una conciencia sin ofensa ante Dios y ante los hombres"*. Este sentimiento de culpa es una piedra en el zapato del cristiano.

Cuando el cristiano restituye recibe los siguientes beneficios:

a. Experimenta gozo y paz por haber hecho lo correcto y ser libre de la culpa. Las relaciones con el prójimo han sido restauradas y se ha fortalecido el vínculo de intimidad con Dios. Debido a que se experimenta libertad de culpa hay mayor disposición para servir a Dios sin ese peso en la conciencia.

b. Le da autoridad para enseñar y aconsejar a otras personas sobre este asunto.

c. Le ayuda a crecer en humildad, que es un fruto del Espíritu Santo que se debe desarrollar en nuestra vida. Lo opuesto sería, evidenciar indiferencia, ya que el orgullo no permite experimentar humillación y vergüenza.

d. Le hace más prudente para no volver a repetir los mismos errores. El recuerdo de lo doloroso de la experiencia de restituir le ayudará a evitar cometer nuevamente acciones que dañen sus relaciones personales en el futuro.

e. Da testimonio de que su experiencia de salvación es verdadera. Se desarrolla un estilo de vida en el creyente que inspira y enseña a otros.

f. Demuestra su lealtad y obediencia al Señor.

g. Fortalece la vida espiritual de las personas involucradas. Evita que surjan sentimientos negativos como rencor, ira, amargura, los que producen estancamiento y hasta la muerte espiritual. Es decir, se removería cualquier resentimiento, amargura y rencor que impidiese el crecimiento espiritual de ambas personas.

h. Fortalece las relaciones y la amistad.

6. ¿Cómo hacer para restituir apropiadamente?

Como vimos en el punto anterior, restituir no es opción para el cristiano. Dice Mateo 5:23-24 *"Por eso, si llevas al altar del templo una ofrenda para Dios, y allí te acuerdas de que alguien está enojado contigo, deja tu ofrenda delante del altar, ve de inmediato a reconciliarte con esa persona, y después de eso regresa a presentar tu ofrenda a Dios."*

Pregunte a la clase: Según la enseñanza de Jesús… ¿Cuál es el orden correcto que se debe seguir en cuanto a la adoración y la restitución interpersonal?

Veamos cuáles son los pasos a seguir para hacer restitución:

a. Sea sensible a la voz del Espíritu Santo hablando a su espíritu.

Una vez que el Espíritu Santo le habla al corazón, actúe inmediatamente, porque la tardanza en hacer restitución es desobediencia a Dios. Quizás usted piense que lo que ha hecho no ha sido tan grave como para pedir perdón, pero recuerde que el Espíritu no sólo conoce su corazón, sino el de la otra persona. Si Él le inquieta, sea obediente y no apague su voz.

b. Haga una lista.

Después de orar, haga una lista de los asuntos u ofensas (del pasado y del presente) que el Señor traiga a su memoria para comenzar a hacer restitución. Escoja uno a la vez y vaya arreglando cuentas con cada situación o personas que tiene en su lista.

c. Prepárese para el encuentro.

Identifique la ofensa, las acciones que hizo, actitud o situación en que usted afectó a otra(s) persona(s) y piense claramente en las palabras que va a decir. Limítese a confesar su ofensa y pedir perdón. No intente suavizar o dar excusas por lo que ha hecho, o defenderse a sí mismo. No diga que no fue su intención, ni que usted no tenía otra opción o que las circunstancias lo forzaron. No trate de echar la culpa a otras personas. No pida disculpas, pues esto es para cuando se trata de un mal entendido.

Si la otra persona actuó mal, no hable de eso, sino concéntrese en lo que usted hizo. Recuerde que usted está pidiendo perdón por su propia acción, palabra o actitud, es decir, lo que es su propia responsabilidad solamente. Toda confesión debe empezar con… "yo tengo la culpa, o yo hice mal, o yo me equivoqué o yo cometí este error" y después de confesarlo todo diga "te pido perdón por lo que hice" o ¿me perdonas?

d. Busque el mejor momento.

Cuando haga restitución por un asunto personal, hágalo en privado con la persona o personas ofendidas, en una hora y lugar adecuados. La restitución se debe hacer persona a persona; sólo en casos que los ofendidos estén muy lejos o fuera del país les hablará por teléfono personalmente o les escribirá una carta de confesión.

Quizás la ocasión no sea buena para testificar. Si está pidiendo perdón por cosas anteriores a ser un cristiano, usted puede mencionar que ahora usted es un discípulo de Jesús y que ha comprendido que debe pedir perdón a todos los que ha dañado en alguna forma. No trate de convencer a la persona del cambio que Dios ha hecho en su vida. Deje que el Espíritu Santo dialogue con esta persona y probablemente ella venga a usted más adelante y se dé la oportunidad para hablar de su testimonio.

Es probable que la otra persona quiera hablar de sus sentimientos. Esto es bueno, es parte del proceso de sanidad emocional. Deje que hable, no le interrumpa. Si la otra persona al final le dice que le perdona, dé las gracias. Si le dice que no le puede perdonar o se queda sin decir nada, despídase con humildad y agradezca que le haya escuchado.

e. De gracias a Dios por darle el valor y la humildad para pedir perdón.

Después de hacer restitución sonría y alégrese porque creció en su vida espiritual, se acercó más a Dios, se hizo más santo(a) y esa cuenta está clara y arreglada delante de Dios. Cada vez que usted sea sensible y arregle cualquier acto, asunto o situación interpersonal rápida e inmediatamente, este hábito estará haciéndose parte normal de su estilo de vida cristiana a la imagen de Jesucristo.

La vida santa mantiene sus "cuentas" al día, pero es mucho mejor no tener "cuentas" que arreglar. Los cristianos maduros no tienen que hacer restituciones todo el tiempo, porque han dejado de dañar y ofender a otros. ¿Qué clase de vida sería la vida cristiana que Dios nos ha dado si no podemos dejar de hacer daño a otras personas? La voluntad de Dios para tu vida y la mía es que lleguemos a ser perfectos en nuestras motivaciones, en nuestras palabras y en nuestras acciones; y para ello tenemos el modelo de la vida de Jesús y de muchos otros siervos y siervas de Dios en todas las épocas de la historia.

El plan de Dios para nuestra vida es que siempre crezcamos en santidad. Este crecimiento debe llegar al punto de que nadie tenga nada que reclamarnos, ni haya ningún peso de culpa en nuestra conciencia por haber tratado u obrado injustamente con alguna persona.

No obstante, mientras estemos en esta vida, nunca estaremos libres de hacer algo que ofenda a otro, ya sea que nos demos cuenta o no. Tampoco podemos evitar ser mal entendidos o confundirnos en cuanto a otras personas.

····o Termine la lección con la actividad 4. Inicie esta actividad con un testimonio personal o de uno de sus alumnos o con algún invitado que narre una experiencia de restitución que le ayudó a crecer en su vida cristiana. Luego siga con un breve momento de oración como se indica al inicio de la actividad 4. Indique a los alumnos que traten de poner fechas cercanas para hacer la/s restitución/es, por ejemplo empezar con una, la próxima semana.

⦀ Una vez que los alumnos completaron su lista, abra un tiempo de preguntas. Luego termine con una oración pidiendo a Dios que les dirija en la restitución que van a hacer esta semana y en las siguientes. ⦀

⦀ Recuerde iniciar la próxima clase pidiendo testimonios de lo que han puesto en práctica. ⦀

Definición de términos claves

- **Restitución:** Corrección de algún engaño, falsedad o restauración de una propiedad dañada o robada. No es solamente devolver y rectificar lo mal que se ha hecho o dicho sino también incluye pedir perdón por el dolor causado a otro y la confesión.
- **Restitución masiva:** Es la corrección a un grupo en particular, como lo hizo Zaqueo en Lucas 19:1-10.

Resumen

La restitución es una práctica ordenada por Dios para la vida del cristiano que le ayuda a desarrollar el carácter santo de Cristo en su vida. La restitución consiste en ser honestos y humildes en reconocer cuando hemos hecho daño a otras personas. La restitución fortalece las relaciones interpersonales, y nos ayuda a ser sensibles en el trato con otras personas y a respetar las propiedades de otros.

Bibliografía: Disciplinas espirituales para todo creyente por Keith Drury. Indianápolis: Wesleyan Publishing House, 1996.

Hoja de Actividades

ACTIVIDAD 1

¿Alguna vez ha sido protagonista o víctima de situaciones como estas o semejantes? Identifique en la siguiente lista marcando con una x en la columna correspondiente a ofensor o víctima.

	Situación	Ofensor	Víctima
1.	Un padre o madre que insulta a su hijo en un acto de enojo y le grita, diciéndole palabras hirientes.		
2.	Le gustó un libro que encontró en la biblioteca, pero como no lo puede comprar lo toma prestado y no lo devuelve más.		
3.	Un hijo/a haciendo uso de la confianza de sus padres, toma dinero sin que ellos se den cuenta.		
4.	Una persona lastima a otra en un arranque de celos.		
5.	Un/a señor/a que paga por un kilo de arroz en un supermercado y la cajera le da cambio de más, se lo guarda y sale de allí.		
6.	Un/a vecino/a se siente ofendido/a por algo hecho por un conocido y empieza un rumor en el barrio sobre el/ella para desprestigiarlo.		
7.	Un/a amigo/a le pide prestado el auto y se lo devuelve con una abolladura nueva sin decirle nada.		
8.	Un/a niño/a rompe el juguete del amiguito por maldad.		
9.	Otro:		

ACTIVIDAD 2

En base al pasaje leído en Éxodo 22:1-8 ¿Cuáles son las acciones que se deben hacer para reparar el mal que se ha hecho?

A continuación encontrará dos columnas: en la primera, se enlistan las acciones malas mencionadas en el pasaje y en la segunda las acciones que deben efectuarse para reparar el daño en cada caso. Ordene las columnas colocando la letra correspondiente de la columna izquierda, en la columna derecha, según corresponda a cada caso.

	Daño causado	Reparación
A	En caso de que alguien robe un buey o una oveja, y lo mate o lo venda…	…tendrá que pagar el precio de lo que haya robado, pero si no tiene dinero, él mismo será vendido para pagar lo robado".
B	Si alguien hace fuego y el fuego se extiende a las zarzas y quema el trigo amontonado o el que está por cosecharse, o toda la siembra, esa persona…	…tendrá que pagar el doble, ya sea un buey, un asno o una oveja.
C	El que robe…	…tendrá que pagar el daño con lo mejor de su propio campo o de su propio viñedo.
D	Si se le encuentra el animal robado en poder del ladrón y con vida…	…tendrá que pagar cinco reses por el buey y cuatro ovejas por la oveja.
E	Si alguien le confía a otra persona dinero o cosa de valor, y a esa persona se los roban de su propia casa, …	…el ladrón tendrá que pagar el doble, si es que lo encuentran pero si no lo encuentran, entonces el dueño de la casa será llevado ante Dios para ver si no ha echado mano de lo que el otro le confió.
F	Si alguien suelta sus animales para que pasten en un campo o un viñedo, y sus animales pastan en el campo de otro, …	…tendrá que pagar los daños causados por el fuego.

ACTIVIDAD 3
Lea el pasaje de Lucas 19:1—10 y responda las siguientes preguntas.

a) ¿Qué tipo de daño había hecho Zaqueo a la gente de su pueblo?

_____

b) ¿Qué concepto tenían las personas sobre Zaqueo?

_____

c) ¿En qué medida Zaqueo restituyó a las personas que había dañado?

_____

d) ¿Cuál fue la observación de Jesús al oír estas declaraciones de Zaqueo?

_____

e) A continuación se incluye una lista de algunas acciones para restituir lo malo que se ha hecho a otra persona. Marque con X: ¿Cuál fue la restitución general que hizo Zaqueo?

_____ Restaurar lo que es de una persona, ya sea propiedad, respeto o reputación.

_____ Devolver algo prestado o tomado hace tiempo atrás.

_____ Pagar algo tomado, robado o no declarado ante las autoridades.

_____ Reembolsar algún dinero que se cobró indebidamente o que debió haberse pagado.

_____ Devolver dinero cobrado injustamente o propiedades tomadas indebidamente.

___ Confesar y pedir perdón por palabras, comentarios o hechos que causaron dolor y sufrimiento a otros.

___ Admitir las faltas del pasado en las relaciones interpersonales.

ACTIVIDAD 4

Ore unos momentos pidiéndole al Espíritu que le muestre si hay alguna obra que usted necesita restituir en su vida pasada o presente. Haga su propia lista de personas a las que debe restituir. ¿Hay alguna ofensa que deba arreglar? ¿Hay alguna restitución que deba hacer?

Persona/s	Asunto que debo restituir	Fecha en que lo haré
_____	_____	_____/_____/_____
_____	_____	_____/_____/_____
_____	_____	_____/_____/_____
_____	_____	_____/_____/_____
_____	_____	_____/_____/_____
_____	_____	_____/_____/_____

LECTURAS RECOMENDADAS

- Levítico 5: 14-19
- Salmos 82: 1-4
- Isaías 1: 16-20
- Filemón 1: 8-20
- Santiago 5: 1-20

III Cadenas invisibles: Las adicciones
LECCIÓN 9

🚩 Objetivos de la lección

Que el alumno...

- Reconozca los diferentes tipos de adicción y cómo se llega a ser adicto.

- Examine su propia vida para identificar posibles conductas o sustancias que puedan estar en peligro de volverse adicción, estorbándole para servir a Dios con libertad.

- Renuncie a todo aquello que constituya una amenaza para su salud mental, física, emocional y espiritual.

📎 Recursos

- Imágenes de algunas adicciones como las mencionadas en la actividad 2, para mostrar durante la introducción a la lección.

Introducción

||| Escriba en la pizarra: ¿Qué es una adicción? Comience haciendo al grupo esta pregunta y permita que se expresen libremente. Anote las ideas principales en la pizarra mientras les escucha. |||

·····o **Pida a los alumnos que comparen sus ideas con las definiciones que se incluyen en la actividad 1 y que compartan sus definiciones personales con el resto de la clase.**

¿Cuánto conocemos de las adicciones? ¿Sabía que el 10 al 15 por ciento de la población mundial es adicta? Esta es una epidemia que afecta al 50 por ciento de los hogares debido a que cada adicto tiene familiares que sufren las consecuencias de este vicio.

En esta lección hablaremos de las adicciones y del peligro que representan para la vida de todas las personas, incluyendo los cristianos.

·······o **Completen la actividad 2. En ella se incluye un test para evaluar su conocimiento sobre las adicciones. Al finalizar verifique con los alumnos las respuestas correctas que se incluyen al final de la hoja de actividades.**

Estudio Bíblico

1. LOS VERDADEROS HIJOS DE DIOS NO PRACTICAN HÁBITOS QUE DAÑAN SU CUERPO.

Los creyentes de la Iglesia de Corinto tenían un grave problema, ellos querían obtener la salvación eterna por medio de Jesucristo, pero querían tener libertad para continuar con los malos hábitos a los que estaban acostumbrados.

||| Pregunte a los alumnos: ¿cómo podemos diferenciar un hábito saludable de uno que no lo es? Pida que mencionen algunos hábitos saludables, por ejemplo: tener una dieta balanceada, hacer ejercicio, sonreír, dormir, la higiene personal, chequearnos con el médico, orar, y muchos otros. |||

Los vicios o adicciones pertenecen al área de los malos hábitos. Acabamos de identificar algunos que son comunes en nuestros días en la actividad 2. Algunos de estos vicios pertenecen a la era moderna porque se relacionan a la tecnología o sustancias que no eran comunes en la época del imperio romano (s.1 d.C.). Pero todo lo que Pablo incluye en esta lista ha llegado hasta nuestros tiempos.

¿Cuáles son las adicciones que menciona Pablo en 1 Corintios 6: 9-10? Veamos en qué consisten estas prácticas:

- Los fornicarios: Son los que tienen relaciones sexuales siendo solteros.

- Los idólatras: Son aquellos que rinden culto o adoración a cualquier cosa que no sea Dios.

- Los adúlteros: Son personas casadas que tienen relaciones sexuales, fuera del matrimonio.

- Los afeminados: Se refiere a jóvenes que se vestían como mujeres con el fin de vender servicios sexuales a otros hombres mayores que ellos.

- Los que se echan con varones: Hombre homosexual que tiene relaciones sexuales con otros hombres.

- Los ladrones: Los que roban, quedándose con lo que no es suyo.

- Los avaros: Los que ponen el hacer dinero y acumular bienes como prioridad sobre sus necesidades y las de los demás.

- Los borrachos: Los adictos a bebidas embriagantes.

- Los maldicientes: Los que maldicen y usan las palabras para herir e insultar.

- Los estafadores: Los que engañan y hacen tratos injustos cuando comercian con otros para ganar más de lo que les corresponde.

El apóstol llama "injustos" a los seres humanos que viven esclavizados por diferentes vicios. Una persona injusta es aquella que no ha sido salvada aún de sus pecados. Una persona que se ha arrepentido de sus pecados y ha decidido abandonarlos ha sido justificada por Dios. Esto significa que Dios ha perdonado sus pecados. Algunos creyentes de Corinto habían creído en Jesús, pero no habían abandonado las conductas viciosas que son pecado delante de los ojos de Dios. Hay una gran diferencia entre ser un simpatizante del cristianismo (alguien que no ha cambiado su vida) y ser un cristiano, un seguidor de Jesús (uno que vive la vida lejos del pecado). Pablo es claro en señalar que los que mantienen estas malas conductas de la vida vieja están inhabilitados para ser seguidores de Jesús.

Muchos de nosotros hemos conocido el caso de Diego Maradona, un famoso futbolista sudamericano. El dio muchas satisfacciones a su país en ese deporte. Lo tenía todo: juventud, talento, fama, dinero, futuro. Sin embargo su adicción a las drogas, al alcohol y al sexo le acarreó muchos problemas y de alguna manera truncó una carrera que pudo ser mucho más brillante.

De la misma manera, una persona cristiana que es parte del equipo de Dios puede perder su privilegio si se permite caer en la trampa de las adicciones. Si queremos entrar al estadio como jugadores "oficiales" en el equipo de Dios, tenemos que renunciar a todo aquello que nos impide tener las condiciones que se requieren para ser un discípulo de Jesucristo.

2. NUESTRO CUERPO HA SIDO SANTIFICADO

La obra de salvación que Dios hace en nuestra vida es completa y tridimensional. No sólo somos perdonados y restaurados en el sentido espiritual, sino que nuestras emociones, nuestra razón y nuestro cuerpo físico pasan a estar bajo el señorío de Jesucristo. El discípulo del Señor es llamado a una vida de obediencia cerca de Su voluntad y lejos del pecado. Esto incluye nuestros pensamientos, nuestros afectos, nuestra voluntad y nuestras acciones.

Para el cristiano, los malos hábitos deben quedar en su pasado; por esto Pablo continúa diciendo en 1 Corintios 6:11: *"Y esto erais algunos..."* y luego continúa recordándoles la obra que Dios ha hecho en sus vidas.

En primer lugar, les recuerda que han sido "lavados", toda mancha o señal de pecado en su vida había sido removida. La conducta pecaminosa necesita ser quitada de nuestra vida y esto sólo puede ser hecho por el poder de Dios.

En segundo lugar, fueron santificados, o sea apartados para Dios, separados para una vida santa y alejada de la maldad, para servir a Dios con todo su ser.

En tercer lugar han sido justificados, ahora viven en justicia. Todo lo torcido de su vida ha sido enderezado y continúan siendo formados a la imagen de Cristo por el Espíritu Santo.

La conducta del cristiano debe reflejar la experiencia de salvación que ha recibido de la gracia de Dios. Cuando los cristianos no evidencian esta transformación de pureza en su vida, el testimonio de la iglesia pierde su poder.

3. UNA VISIÓN EQUIVOCADA DE LA VIDA ESPIRITUAL

Pablo continúa en el verso 12: *"Todas las cosas me son lícitas, mas no todas me convienen; todas las cosas me son lícitas, mas yo no me dejaré dominar de ninguna."*

Las personas de la iglesia de Corinto no entendían lo que era vivir como gente de Dios. En el Antiguo Testamento Dios llamó a la familia de Abraham para que fuera Su pueblo, el pueblo de Dios, gente dedicada íntegramente a servir a Dios. Cuando Cristo vino, encargó esta tarea a su nuevo pueblo, la Iglesia, y envió al Espíritu Santo para que la santificara y guiara en el cumplimiento de Su voluntad en este mundo.

Los seguidores de Jesús tienen la opción de volver a pecar, pueden volver a los viejos malos hábitos, si así lo deciden... Nadie los obliga a seguir a Cristo, lo siguen porque le aman. Los cristianos no pecan, no porque no puedan hacerlo, sino porque no quieren. Hay una decisión que ha cambiado su vida. Esa decisión es la de hacer que cada cosa que hagan con su vida tenga la aprobación de Dios, antes que la de cualquier otra persona, incluyendo la de sí mismos. De manera que continuar en la vida espiritual es una decisión de cada momento.

No podemos entrar y salir de la vida cristiana cuando queramos. No podemos obedecer a Dios en algunas cosas y en otras no, y seguir siendo cristianos a los ojos de Dios. Algunas personas incorporan el ser cristiano en su vida como si fuera una ocupación más a las muchas que ya tienen. Si comparamos esta vida con una casa, podemos decir que estas personas le agregan un cuarto a la casa. Le ponen muebles, lo pintan y le piden a Jesucristo que se sienta cómodo allí. De vez en cuando van y le visitan, conversan con Él, y luego vuelven a su rutina. Pero como los Corintios, nos olvidamos que no es así como funciona la vida cristiana. ¡Cristo quiere ser el dueño y Señor de toda nuestra vida, y no sólo de una parte! ¡Si Él no es el Señor de todo, entonces no es Señor, es sólo un huésped!

Si somos cristianos auténticos, lo que nos conviene a nosotros, será lo mismo que conviene a los propósitos de Dios. Jesucristo ya no será una parte de nuestra vida, sino el todo y el primero en nuestra existencia. En esta clase de vida no hay lugar para malos hábitos porque todo está lleno de buenas obras por las que fluye el amor de Dios que inunda nuestro ser.

4. Nuestro cuerpo es propiedad de Dios hasta la eternidad

Otro concepto equivocado que tenían los Corintios era en cuanto a lo sagrado y eterno del cuerpo humano. Ellos creían que nuestra carne, huesos, sangre -o sea nuestro cuerpo físico-, no tiene ningún valor porque finalmente con la muerte física el cuerpo se destruye y lo único que sobrevive más allá de la muerte es el espíritu. Si el cuerpo no tiene valor eterno ellos se sentían en la libertad de disfrutar de los placeres corporales mientras podían.

Hay cristianos a los que les gusta vivir cerca del límite. Aún piensan que pueden darle una probadita de vez en cuando al pecado y luego pedir perdón a Dios. Estas personas piensan que tienen suficiente control sobre sus pensamientos, su mente y su cuerpo como para no dejarse llevar más allá de donde ellos saben que es peligroso. Esta es una de las mentiras que se dice a sí mismo el adicto: "yo puedo dejar de hacer esto… cuando quiera". Pero la verdad es que se ha vuelto dependiente de esa conducta o esa sustancia. El adicto no sabe cómo vivir sin su adicción. Esta negación de que hay un problema es el lado más peligroso de la adicción. Muchos cristianos también viven la trampa de la negación, pensando que a ellos nunca les va a pasar, que nunca van a ser atrapados. Pero la verdad es que la adicción entra a la vida del cristiano cuando tratamos de sustituir nuestra necesidad de Dios con cualquier cosa que no sea Dios mismo.

Pablo les muestra su error a los Corintios en los versos 13 y 14, al afirmar que el cuerpo será destruido. La resurrección de Jesucristo es un adelanto de lo que Dios hará con nosotros en el futuro. Aunque nuestro cuerpo se vuelva polvo, de alguna manera milagrosa que no podemos comprender, será levantado de la muerte para la vida eterna. Cuando somos salvos nacemos a una vida nueva, si somos hijos de Dios fieles hasta la muerte, nuestro cuerpo así como nuestro espíritu y alma entrarán a la vida eterna.

5. En nuestro cuerpo se realiza la unión espiritual entre Cristo y nosotros

En los versículos 15 al 18 Pablo trata de explicar la unión profunda que existe entre Cristo y el cristiano. Para hacerlo lo ilustra comparándolo con la unión matrimonial. Para Dios, la unión matrimonial entre el hombre y la mujer es sagrada. No se trata sólo de la unión física por medio de las relaciones sexuales, es una unión que trasciende lo físico y los vincula estrechamente en lo emocional y lo espiritual. De tal manera que cuando la Biblia dice que hombre y mujer son "una sola carne" se refiere a mucho más que unión físico-sexual. En Corinto era común que se practicaran las relaciones sexuales con personas prostitutas -mujeres u hombres- y no era condenado en las religiones que esta gente profesaba.

Nuestro Dios nos ha creado con la necesidad de estar unidos a Él. Esta es la relación más importante en la vida del cristiano. La segunda relación más importante es la familia. El vínculo íntimo de la pareja en el matrimonio es lo más semejante que hallaremos en este mundo a nuestra relación con Dios. En tercer lugar, somos parte del pueblo de Dios y cultivamos amistad con nuestros hermanos. Luego vienen todas las otras relaciones que podamos tener en esta vida. Ninguna de estas relaciones, aunque son importantes y buenas, puede llenar nuestra necesidad de Dios. Nosotros experimentamos la unión con Dios por medio de nuestro cuerpo físico, que alberga nuestra mente racional, las emociones y nuestro espíritu.

Los Corintios necesitaban saber que los malos hábitos y las adicciones representan pecado y tienen consecuencias físicas, mentales, emocionales y espirituales. Todo lo que hacemos con nuestro cuerpo, mente y emociones influye positiva o negativamente en nuestra vida espiritual. De manera que establecer una relación con cualquier sustancia, persona o conducta fuera de la voluntad de Dios, nos separa de la relación que Dios quiere tener con sus hijos.

Por ejemplo, para muchas personas el cristianismo se vuelve una adicción, lo practican porque sienten que es "su deber" para con Dios, y llegan al punto de descuidar a su familia y su misma relación personal con Dios, por estar tan involucrados en hacer el "trabajo" de la iglesia. Estas personas llegan a sentir que ser cristianos es una carga, algo que no pueden dejar de hacer, sienten como si la obra de Dios dependiera de ellos y llegan a sentirse esclavos. Estos hermanos están confundidos en cuanto a la vida que Dios pide de ellos. Cuando uno siente que es una obligación, no hay gozo. La voluntad de Dios es que seamos libres de todo aquello que nos separa de tener comunión con Él. Alguien dijo: Si un cristiano está demasiado ocupado para orar, está más ocupado de lo que Dios desea. Dios no quiere que sus hijos sean esclavos. Un esclavo es alguien que no elige qué hacer, pero Jesucristo quiere que le sigamos por decisión personal, que le sirvamos con gozo, que disfrutemos del servicio a otros y que vivamos una vida de victoria sobre cualquier tipo de adicción.

6. Dios quiere glorificarse por medio de nuestro cuerpo

·····················o **Pida a los alumnos que completen la actividad 3.**

Para los cristianos, impedir que su cuerpo tome el control sobre la voluntad es una lucha diaria. Ningún cristiano, por más tiempo que tenga en su fe, por más alto lugar de liderazgo que tenga en la iglesia, está libre de la posibilidad de quedar atrapado y esclavizado por los apetitos de su cuerpo. El apóstol Pablo mismo comparte su experiencia con nosotros cuando dice en 1 Corintios 9:27 *"…sino que golpeo mi cuerpo, y lo pongo en servidumbre, no sea que habiendo sido heraldo para otros, yo mismo venga a ser eliminado."* La responsabilidad de someter a nuestro cuerpo a obediencia perfecta a la voluntad de Dios es personal. Nadie puede hacer esto por nosotros.

Hoy en día los cristianos del mundo occidental, mimamos a nuestro cuerpo, lo consentimos, le permitimos quedarse un rato más en la cama, le evitamos las incomodidades. Decimos que no tenemos tiempo para colaborar con nuestro pastor/a y líderes el fin de semana, pero sí tenemos tiempo para relajar nuestro cuerpo frente a la TV, disfrutando de una película o del deporte que tanto nos gusta. En nuestra vida moderna hemos mal entendido que cuidar de nuestro cuerpo es desatender nuestros deberes y responsabilidades. Con frecuencia olvidamos que hay un día en la semana para descansar de las tareas cotidianas y dedicarnos exclusivamente a la adoración y a reponer las energías, pero que el resto de los días se hizo ¡para trabajar!

Pablo nos recuerda en 1 Corintios 6:18-20 algunos principios importantes para guardar nuestro cuerpo en santidad:

a. El cuerpo del cristiano es habitado por Dios mismo, por medio de su Espíritu. La pureza del amor de Dios nos ha llenado cuando le pedimos a Jesucristo que sea el Señor y dueño de nuestra vida.

b. Hemos sido comprados por precio. Este precio es el sacrificio de Cristo a nuestro favor. Para nuestro Señor no fue fácil entregar su cuerpo para ser torturado y muerto, de la misma manera no será fácil para nosotros hacer sacrificios con nuestro cuerpo. Pero Dios no nos pide que hagamos nada por otros, que Él no haya hecho antes por nosotros.

c. Cuando nosotros llevamos nuestro cuerpo a la obediencia del cien por ciento al Señor, vamos a exponernos al sudor, a la incomodidad, y hasta al dolor corporal que produce el cansancio. Para los cristianos que viven en países donde son perseguidos por su fe, ese dolor puede significar cárcel, tortura y hasta la muerte. Pero para nosotros puede significar privarnos de una comida para dar una ofrenda; o comprar un automóvil menos confortable, pero con más espacio para trasladar niños a la iglesia; levantarnos una hora antes para orar por los nuevos creyentes; irnos a dormir más tarde para preparar la lección de Escuela Dominical; sacrificar la final de fútbol, por ir a visitar a nuestro hermano en el hospital; vencer nuestro temor a la suciedad, para servir comida a los que viven en la calle; ayudar a nuestra familia en las tareas domésticas en lugar de esperar siempre que nos sirvan; renunciar a comprar una ropa de marca, para no poner una carga pesada sobre los hombros de nuestros padres; dejar de hacer algo que nos gusta hacer en la iglesia, para dar lugar a que las personas nuevas adquieran experiencia; renunciar a eso que nos agrada tanto, para dárselo a alguien que lo necesita…

Para saber si con algo que hacemos estamos dando gloria a Dios con nuestro cuerpo debemos preguntarnos: ¿Esta actividad me ayuda a servir mejor al Señor? ¿Me hace más sano y más fuerte para servirle a Él? ¿Si alguien me ve haciendo esto… pensará que soy un buen cristiano?

Veamos un ejemplo: Usted va al gimnasio o a su clase de aeróbicos. ¿Cómo saber si esa actividad, es saludable o se ha vuelto adictiva?

Guíe a la clase para completar la actividad 4 y 5.

Para finalizar anime los alumnos a hacer un pacto con Dios de dejar todo aquello que no es bueno para su desarrollo espiritual, emocional y físico, por medio de un tiempo de oración.

Definición de términos claves

- **Cleptomanía:** un cleptómano es un adicto al robo.

- **Piromanía:** un pirómano es un adicto que provoca incendios, poniendo en peligro la vida de las personas y destruyendo propiedad ajena.

- **Síndrome de abstinencia:** son los síntomas físicos y mentales que experimenta una persona que se ve privada de sustancias o conductas adictivas. Puede ir desde nerviosismo y ansiedad hasta episodios de pérdida de la razón (delirio, alucinaciones, entre otros).

Resumen

La vida de santidad incluye el control sobre el cuerpo físico y sobre los apetitos. Para que el cristiano pueda vivir en santidad debe reconocer que su cuerpo es templo del Espíritu Santo, y que debe glorificar a Dios por medio de él. En la próxima lección hablaremos más sobre la adicción a la pornografía y al sexo que son algunas de las adicciones más difundidas en la actualidad.

ACTIVIDAD 1

Lea las siguientes definiciones de "vicio" y "adicción" y escriba una definición en sus propias palabras.

"Una adicción es una dependencia hacia una sustancia, actividad o relación que arrastra a la persona adicta lejos de todo o demás que le rodea."[1]

"Vicio: Este término se aplica a los actos inmorales o malos que corrompen a los individuos y la sociedad. Vicio es lo opuesto a virtud, como malo es lo opuesto de recto, y las tinieblas, de la luz."[2]

"Originalmente, adicto era quien seguía ciegamente al líder, sin criticarlo ni decirle nada (en latín *a-dictio:* no dicción). Luego se llamó *addictus* a un esclavo por deudas." [3]

Mi definición personal de vicio o adicción es:

_____

_____

ACTIVIDAD 2.

¿Qué tanto conoce de las adicciones? El siguiente test le ayudará a medir cuanto conoce de la verdad sobre las adicciones. Señale con un círculo la letra de la respuesta que considere verdadera para cada una de las preguntas:

1. La promiscuidad sexual ha sido clasificada como comportamiento adictivo en 1987 por la Asociación Americana de Psiquiatría debido a que... (marque una).

   a. Un famoso actor de Hollywood se internó en una clínica para recuperarse de su adicción al sexo.

   b. Se cumplía el aniversario Nro. 20 de la revista Playboy.

   c. El psicólogo Werner Gross ganó el premio Nobel en medicina.

2. Hoy los comportamientos adictivos se clasifican en dos grandes tipos, los que se relacionan con sustancias químicas y los que pertenecen al área del comportamiento. Señala en la siguiente lista, todas las conductas que ya han sido reconocidas por la ciencia como enfermedades adictivas.

   a. Alcoholismo   f. Los estupefacientes

   b. Drogadicción   g. El sexo

   c. Cleptomanía   h. Los juegos de apuestas

   d. Piromanía   i. Bañarse

   e. Dormir   j. Comer

---

[1] www.psicocentro.com Artículo: "Comprendiendo la adicción" por Phil Rich.

[2] Richard S. Taylor: Diccionario Teologico Beacom "Vicio". E.U.A.: C.N.P., 1995

[3] Adicción" en: http//es.wikipedia.org

k. El trabajo	p. Ir de compras	u. Redes sociales
l. Las computadoras	q. La internet	v. Cafeína
m. Leer	r. La pornografía	w. Chismes
n. Estudiar	s. La TV	x. Chocolates
o. Cigarrillo	t. La música	y. Dulces

3. ¿Cuánto tiempo pasas con video juegos? Según dicen los expertos, más de _____ horas por semana ya es adicción. (Escoge una).

    a. 20 horas

    b. 8 horas y media

    c. 10 horas

4. De las siguientes afirmaciones señala aquellas que son verdaderas con respecto a los videojuegos y la pornografía.

    a. No hay manera de que los niños y adolescentes descubran la pornografía en internet por accidente.

    b. Los videojuegos son saludables para el desarrollo de la inteligencia emocional.

    c. Los videojuegos son la puerta de entrada de los adolescentes a la pornografía.

    d. Los video juegos venden excitación, y los niños se vuelven adictos a ella.

    e. Algunos niños descubren la pornografía por presión de los amigos.

    f. La pornografía es buena para que los niños y adolescentes aprendan de sexo.

    g. La pornografía es sólo para adultos pues ellos pueden manejar su contenido.

    h. La pornográfica es un negocio que trata de ganar consumidores regalando dosis gratis.

5. ¿Qué porcentaje de la población de cualquier sociedad en el mundo es adicta?

    a. El 45%

    b. El 30%

    c. El 15%

ACTIVIDAD 3.
Lea el siguiente párrafo seleccionado y luego responda a la pregunta abajo.

"Si nuestro cuerpo hace todas las decisiones y da todas las órdenes, y si obedecemos; lo físico puede destruir efectivamente toda otra dimensión de la personalidad. Nuestra vida emocional se verá embotada y nuestra vida espiritual será suprimida y terminará por volverse anémica." Hace más de 200 años Susana Wesley escribió: "Todo aquello que aumente la fuerza y la autoridad de nuestro cuerpo por encima de la mente, eso es pecado para nosotros." [4]

De la manera en que estoy viviendo hoy… ¿Son mi cuerpo y mis deseos o apetitos los que controlan mi vida, o yo he tomado las riendas y mi cuerpo se somete a mi voluntad, de la misma manera que mi voluntad se somete a Cristo?

---

[4] Michael Quoist en The Christian Response. Citado por Jerry Bridges. En pos de la santidad. Miami: Unilit, 1995. pp. 120.

ACTIVIDAD 4.
¿Cómo puedo saber si esta actividad que me gusta realizar se ha vuelto adictiva? Hay seis indicadores claros de una adicción:

a. Cuando esa sustancia o actividad se ha convertido en algo que deseas por encima de cualquier otra cosa, como estar con tu familia o ir a la iglesia, entre otros.

b. Cuando ese deseo está presente cada momento en tus pensamientos, te preocupa constantemente la necesidad de ese "objeto de deseo", es decir, se ha vuelto una obsesión.

c. Cuando ese deseo te lleva a comportarte de manera de satisfacer esa necesidad para reducir la ansiedad, aún mintiendo y dejando de lado tus otras responsabilidades. A esto se le llama compulsión.

d. Cuando esa conducta es más fuerte que tu decisión de abandonarla. Tus pensamientos e ideas o comportamientos no pueden controlarla.

e. Cuando te has hecho dependiente de esa sustancia o esa actividad y no puedes dejar de hacerlo.

f. Cuando ese hábito ha traído consecuencias negativas a tu vida y a la de tus seres queridos.

ACTIVIDAD 5.
¿Cómo se reconoce una adicción? El psicólogo Werner Gross estableció cuatro rasgos básicos para reconocer cualquier adicción. Si se dan estas cuatro características la persona ha sido atrapada en una adicción. Examine si hay rasgos como estos que están presentes actualmente en su vida:

a. La persona pierde el control cuando desarrolla una actividad que lo "engancha".

b. La persona sufre síndrome de abstinencia si no puede practicar esta actividad.

c. La dependencia a esta actividad es cada vez más fuerte en su vida.

d. La persona pierde el interés por otras personas, sólo tiene interés en ese objeto o esa actividad.

RESPUESTAS CORRECTAS PARA VERIFICACIÓN ACTIVIDAD 2

```
1= a
2= a,b,c,d,f,g,h,j,k,l,o,p,q,r.
3= b
4= c, d, e, h
5= c
```

LECTURAS RECOMENDADAS

- Proverbios 21
- Proverbios 23
- Lucas 21:34
- 1 Corintios 6:9
- Efesios 5:15

Mis notas

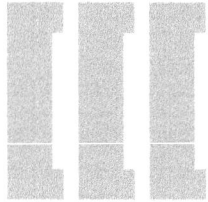

Venciendo sobre los pensamientos impuros

LECCIÓN 10

Objetivos de la lección

Que el alumno...

- Comprenda cómo ocurre el proceso de la tentación.
- Aprenda a reconocer cuándo la tentación se ha convertido en pecado.
- Examine su vida para identificar las tentaciones.
- Tome la decisión de vivir en la libertad que nos provee Jesucristo sobre el pecado.

Recursos

- Biblias en varias versiones.
- Pizarra o lámina de papel para escribir.

En la lección anterior hemos hablado sobre las adicciones y el peligro que representan. Sin embargo hemos decidido dejar la adicción más extendida en nuestro mundo para tratarla en esta lección: el sexo.

Una encuesta reciente reveló que el 62 por ciento de los hombres cristianos luchan con tentaciones y pecados sexuales. Como sabemos este no es un problema exclusivamente masculino. ¡Es triste ver cómo en nuestros días, tanto mujeres como hombres -aun en las iglesias cristianas- caen en pecados sexuales!

Vivimos en una sociedad obsesionada y esclavizada por el sexo. Las páginas más visitadas en internet no son las de negocios o de noticias, sino las de pornografía. Lamentablemente éste es un negocio que mueve millones de dólares al año en todo el mundo y los principales consumidores son niños o adolescentes de 12 a 17 años. Millones de personas son alimentados diariamente con dosis de sexo violento, tortura, violaciones, sexo con animales, sexo con niños, sexo homosexual, sexo con objetos, entre otros. Para obtenerlo sólo tienen que hacer un "clic" en su computadora.

La pornografía no sólo desintegra la familia, sino que destruye al individuo. En la pornografía la mujer deja de ser la "ayuda idónea", deja de ser una persona, para ser un objeto de placer y el blanco de la agresión sexual. La pornografía hace creer a los jóvenes que la mujer "disfruta" siendo desvestida, abusada e incluso violada. La pornografía presenta las relaciones fuera del matrimonio como una experiencia excitante y deseable. El sexo en la pornografía es una experiencia egoísta, totalmente opuesta a la relación hombre mujer para la cual Dios nos ha diseñado. Por ello causa cada vez más divorcios, y está afectando a los jóvenes para llevar adelante relaciones de noviazgo exitosas.

Ya se ha demostrado que la adicción a la pornografía conduce a perversidad sexual y lleva a cometer actos criminales, promueve la prostitución infantil, la violación de menores por familiares y el turismo sexual. ¿Sabía usted que hay 300.000 niños esclavos sexuales en el mundo? ¿Y que estos niños han sido vendidos por sus padres o han sido secuestrados y están presos en las redes de prostitución? Muchos de ellos se encuentran en nuestros países.

Con toda esta oferta que nos bombardea continuamente en los medios y ofrece placer sexual sin límites… ¿Es posible para el cristiano mantener sus pensamientos puros?

Dedicaremos esta lección a comprender el proceso por el cual somos tentados y las claves que nos da la Biblia para vencer.

▌▌▌ Estudio Bíblico

1. ASUMAMOS LA RESPONSABILIDAD POR NUESTRO PECADO

⬤ ....o **Pida a los alumnos completar la actividad 1**

En Santiago 1:12-18 el apóstol Santiago revela de parte de Dios las siete etapas del proceso de todas las tentaciones que enfrentamos.

Dice el verso 13: *"Cuando ustedes sean tentados a hacer lo malo, no le echen la culpa a Dios, porque él no puede ser tentado, ni tienta a nadie a hacer lo malo."* Cuando las personas caen en tentación y eso trae consecuencias negativas a su vida y su hogar, lo primero que hacen es culpar a otro. Cuando un marido engaña a la esposa, la excusa es que la esposa no se arregla; cuando el hijo cae en la droga, la culpa es de los padres que no le amaron lo suficiente; cuando un hombre viola a una muchacha, dice ella se viste de manera provocativa. Es decir, siempre se busca a quien culpar y hasta se culpa a Dios. Algunos dicen: "Dios no hizo nada para detenerme; Dios me llevó a ese lugar o me condujo a esa situación".

Asimismo ocurrió con nuestros primeros padres, Adán y Eva. Adán culpó a la mujer que Dios le había dado, Eva culpó a la serpiente que la engañó para que comiera (Génesis 3:12-13). Es interesante que Adán menciona que la mujer que le llevó a pecar era la que Dios le había dado. En otras palabras Adán estaba haciendo responsable a Dios por su desobediencia, en lugar de asumir su culpabilidad. Cuando pecamos y acusamos a otros de nuestra debilidad, no hacemos más que empeorar las cosas.

Santiago nos aclara este aspecto tan importante, si decimos que Dios es el culpable de nuestro pecado o queremos responsabilizar a otros, estamos disfrazando la verdad. Asumir responsabilidad por nuestras acciones, sean éstas buenas o malas, es una muestra de madurez.

2. LAS SIETE ETAPAS DE TODA TENTACIÓN

En Santiago 1:12-18 el apóstol habla de 7 etapas de la tentación. Para comprenderlas mejor vamos a verlas en un ejemplo histórico: David y Betsabé.

⬤ ....o **Pida a los alumnos que abran su Biblia en 2 Samuel 11 y 12.**

Todos conocemos la historia del rey David. Uno de los héroes nacionales de la nación judía. La Biblia no oculta la caída de David en pecado. Gracias a Dios, la Biblia nos muestra a los siervos del Señor en su lucha con las tentaciones y podemos aprender de estos ejemplos. Veamos como inicia este relato.

El vrs. 1 dice que era el tiempo en que los reyes salían a la guerra y David se quedó en Jerusalén. Todos sus siervos salieron, todos los hombres de la ciudad en edad de ser soldados salieron pero David se quedó. Quizás estaba cansado de cumplir con su deber o tal vez un poco estresado.

El vrs. 2 dice que un día al caer la tarde él se levanta de la cama y se pone a mirar desde su balcón a ver qué hacían sus vecinos. ¡David estaba aburrido, había pasado toda la tarde durmiendo la siesta! Su mente ociosa y su aburrimiento proveyeron la oportunidad a la tentación. David había hecho una mala mayordomía de su cuerpo, se había desgastado en el trabajo. Un cuerpo, mente o emociones debilitadas nos hacen débiles para resistir las tentaciones. Fue entonces cuando ve a una hermosa mujer que se estaba bañando.

Primera etapa: "Echar una mirada".

Santiago dice: *"...sino que cada uno es tentado cuando de su propia concuspiscencia es tentado"*... (vrs. 14 a). La concupiscencia es el afán o deseo exagerado de algo.

Cualquier cosa que irrumpa en nuestra vida puede convertirse en una tentación: una carta, una página de internet que se abre, el automóvil nuevo del vecino, el novio guapísimo de una amiga, la cajera que regresa dinero de más, alguien que nos insulta en la calle, un trabajo nuevo que nos aleja de casa, entre otros.

En esta etapa todavía no hay pecado, pero cuando sienta que sus pensamientos le están llevando a una zona de peligro o que se relaciona con un área que usted reconoce débil en su vida, aleje ese pensamiento de usted. David no lo hizo, y la tentación pasó a la siguiente etapa.

··○ **Pida a los alumnos completar la actividad 2**

Segunda etapa: Se activa el deseo...

Santiago dice: *"cuando uno de su propia concuspiscencia es atraído y seducido..."* (vrs. 14 b).

En la edad media los monjes y monjas se encerraban en monasterios pues se pensaba que alejándose de objetos, personas o situaciones que podían presentar tentaciones, la vida libre de pecado sería posible. Con el tiempo descubrieron que aunque las fuentes de la tentación desaparecían, los deseos pecaminosos permanecían en sus vidas.

Es importante que podamos detectar cuál es la fuente o el deseo detrás de nuestras tentaciones, porque las tentaciones nos seducen por los deseos íntimos que hay en nuestra mente y corazón.

Lo que nos quiere enseñar Santiago es que la fuente de la tentación no es esa joven bonita, sino el corazón lujurioso; no es el dinero fácil de robar, sino el corazón codicioso, no es el flamante automóvil de mi vecino, sino mi corazón vanidoso.

Son los deseos los que hacen que una tentación sea particularmente tan atractiva para nosotros. ¿Todos los deseos son malos? No. Los deseos nos fueron dados por Dios. Dios nos hizo con la capacidad de tener hambre, pero cuando el hambre pasa la línea y se convierte en glotonería, es pecado. Dios nos hizo con la capacidad de compartir amor en la intimidad sexual con nuestro cónyuge, pero cuando se pierde el autocontrol y se busca satisfacción fuera de esa relación, se vuelve pecado.

En 2 Samuel 11:2-3 vemos que David lejos de desviar la mirada y ponerse a hacer algo para alejar aquella imagen tentadora de su mente, se quedó pensando en ello. El deseo sexual de David se salió de control y prendió fuego por una mujer desconocida.

En la segunda etapa, toda tentación nos invita a satisfacer nuestros deseos saliéndonos de los límites que Dios ha establecido.

Tercera etapa: El pecado ejerce seducción sobre nosotros.

Los propios deseos lujuriosos de David para con esta mujer le tienden una trampa, una carnada para que él muerda el anzuelo. Santiago dice que somos atraídos y seducidos por nuestros propios deseos. Seducir significa atraer hábilmente y despertar el deseo o la esperanza por algo. David se estaba dejando seducir, por ello manda a averiguar quién era ella.

En esta etapa de seducción, el pecado todavía estaba en el terreno de la tentación. A medida que el deseo crece en David, el objeto deseado pasa a ser la prioridad en su vida, y todo lo demás, incluyendo su familia, su reputación y Dios mismo, pasa a segundo plano. Toda la energía y los pensamientos se localizan ahora en lo que David desea.

En Proverbios 7:21-23 tenemos un buen ejemplo de cómo la tentación progresa en esta etapa de seducción: *"Con tanta dulzura le habló, que lo hizo caer en sus redes. Y el joven se fue tras ella como va el buey al matadero; cayó en la trampa como un venado cuando le clavan la flecha; cayó como los pájaros que vuelan contra la red sin saber que perderán su vida."*

Estas tres primeras etapas de la tentación trabajan provocando nuestros deseos. Satanás sabe que tiene más oportunidad de derribarnos cuando ataca nuestras áreas más débiles; estas son aquellas en las que hemos caído anteriormente. En aquellas en que nunca hemos pecado, toma más tiempo, sin embargo exponerse a la seducción continua, puede aumentar el deseo y esta área que antes era fuerte, puede debilitarse.

En la tercera etapa, la tentación busca aumentar nuestro deseo para que este deseo gobierne sobre nuestro pensamiento y nos lleve a tomar decisiones para satisfacerlo. Hasta este punto usted y yo podemos detener la tentación. Si es externa, aléjese de ella. Si es interna ya no dialogue con ella. ¡Apague esta voz en su mente! ¡Con el poder del Espíritu Santo que vive en usted controle su deseo! ¡Tome autoridad sobre este deseo y no permita que gobierne sus pensamientos y su vida!

Cuarta etapa: La tentación nos embaraza

Santiago dice: *"La concuspiscencia después que ha concebido…."* (vrs. 15). La etapa de la seducción comienza cuando el deseo ha sido despertado y termina en la cuarta etapa, cuando la persona comienza a reflexionar sobre la posibilidad de pecar. En esta etapa se está decidiendo si pecar o no pecar.

David, quizás con la esperanza de que esta mujer fuera soltera, manda a preguntar quién era ella. Si así era, él podía tomarla como otra de sus esposas. Pero si era casada, este deseo podía llevarle a quebrantar el último de los diez mandamientos que dice: *"No codiciarás….la mujer de tu prójimo…"* (Éxodo 20:17). Los informantes le dicen que su nombre es Betsabé, mujer de Urías heteo. En el relato, 2 Samuel 11:3 termina con un punto, se hace una pausa. Seguramente David como cualquiera de nosotros pensó unos momentos sobre qué haría.

Los pensamientos en esta etapa se enfocan en la justificación o la racionalización del pecado. Comenzamos a argumentar a favor y nos decimos ¿por qué no? ¿Acaso no soy libre de hacer lo que quiero? ¿No tengo derecho a satisfacer este deseo? Tratamos de darnos permiso de cometer el pecado, pero para ello, primero debemos minimizar las razones para no hacerlo. Lo que tratamos de hacer es tomar una razón negativa para no hacerlo y transformarla en una razón positiva para hacerlo.

Por ejemplo: Un joven que está de novio y es tentado a tener relaciones con otra muchacha antes del matrimonio. La razón negativa es que él y su novia hicieron la promesa de llegar vírgenes al matrimonio. Pero el joven comienza a buscar justificaciones para no cumplir esa promesa. Recuerda entonces que en algunas ocasiones ella lo ha humillado y tratado mal. Luego concluye diciéndose a sí mismo: "Después de todo, ella no se merece que yo le sea fiel". La tentación logró su objetivo, ha trasformando la razón negativa en positiva. Ahora se siente libre y con derecho de pecar. Ahora lo que resta es elaborar el plan de acción.

Veamos la progresión hasta aquí: sentirse atraído, pensar y planear, todo ocurre en nuestro interior. Hasta aquí, mientras aún estamos conversando con nuestra conciencia sobre esta idea de pecado, estamos en el terreno de la tentación. ¿Podemos volver atrás? Sí, y si lo hacemos no habremos cometido pecado.

Si seguimos delante de esta línea entraremos en una zona peligrosa. Los tres pasos siguientes son pecado y más pecado.

Quinta etapa: Se toma la decisión de pecar

¿Cuándo la tentación de David se volvió pecado?, cuando David toma la decisión de pecar: Santiago dice que si este embarazo llega a su término *"...da a luz el pecado"* (vrs. 15).

En 2 Samuel 11:4, dice que David envió mensajeros para que la trajeran a su alcoba, se acostó con ella y luego la mandó de vuelta a su casa. Esto es lo que ocurre en la quinta etapa: del pensamiento se pasa a la acción. Una vez que se ha tomado la decisión, el pecado por lo general se lleva a la acción rápidamente. David pecó desde el momento en que mandó llamar a Betsabé con la intención de cometer adulterio con ella, porque ya había decidido desoír el mandamiento de Dios y satisfacer sus deseos egoístas.

En ocasiones hay un tiempo para reflexionar aun después de haber tomado la decisión. En el caso de los hijos e hijas de Dios, el Espíritu Santo habla internamente a nuestro espíritu y trata de disuadirnos del error que vamos a cometer. Cuando las personas están determinadas a pecar y apagan esta voz del Espíritu en sus corazones, ya no hay regreso. Pero si en cambio permitimos al Espíritu que nos ayude a examinar este pecado podemos ser convencidos para abortar el plan antes de que sea demasiado tarde.

Por eso Jesús dice en Mateo 5: 28, que cualquiera que mira a una mujer (o a un hombre) para codiciarlo, ya pecó en su corazón. Por esto es también tan peligrosa la pornografía en cualquiera de sus formas: revistas, internet, películas de alquiler, televisión, clubes nudistas, etc. La pornografía nos ofrece la posibilidad de tener relaciones sexuales pecaminosas sólo usando nuestra mente, sentidos y emociones. Sin embargo esto no satisface el deseo. El deseo busca expresión, busca llevarnos del pensamiento a la acción.

Si hemos cometido este pecado o cualquier otro, es mejor arrepentirnos y abandonarlo antes de que pase al siguiente nivel.

Sexta etapa: El pecado se realiza:

Dice Santiago 1:15 que el pecado nace y luego *"es consumado..."*.

¿Qué ocurrió con el pecado de David? ¿Terminó allí? No, se convirtió en una cadena de pecado que cada vez lo iba hundiendo más y más.

o Pida a los alumnos completar la actividad 3.

Pregunte a los alumnos ¿Cómo termina este capítulo en 2 Samuel 11: 27? La respuesta será: "Mas esto que David había hecho, fue desagradable ante los ojos de Jehová".

David trató primero de esconder su pecado, pero no lo logró, luego trató de arreglarlo, pero todo lo que hacía con su astucia humana empeoraba más las cosas. Él creía que tenía el control, pero en realidad el pecado lo estaba controlando a él.

Séptima etapa: El pecado nos esclaviza

Santiago dice que el pecado *"...da a luz, la muerte..."* (vrs. 15). Una vez que el pecado ha comenzado, nunca termina. El pecado nace y crece, se repite otra vez y otra vez. Se hace más extenso y más profundo. El pecado nunca estará satisfecho hasta que tenga todo de nosotros. El pecado es un pozo profundo, su meta es estrellarnos contra las rocas que están al final.

Si ama el dinero, nunca el dinero será suficiente; si el pecado es la ira, esta no se detendrá hasta envenenar toda su alma y la de sus seres amados; si el pecado es la envidia, nunca estará feliz con lo que tiene; si es el sexo, usted nunca se sentirá satisfecho.

La Biblia nos advierte sobre el peligro de caer, aun siendo creyentes, bajo el dominio del pecado. En el caso de David, el adulterio le llevó a mentir, a engañar, a asesinar, y llevó a su hijo inocente a la muerte… Pero gracias a Dios que la historia no termina allí.

3. Jesucristo nos hace libres del poder del pecado

En 2 Samuel 12 dice que el profeta Natán visitó a David y luego de oír la palabra de Dios, David se arrepintió. David fue restaurado por Dios, nunca más volvió a cometer este pecado. Él figura en Hebreos 11:32 como ejemplo de hombre de fe y en Mateo 1: 6 como antepasado de Jesús.

David comprendió que de nada servía tratar de ocultar su pecado delante de Dios. Comprendió que por sí mismo no podría deshacerse del pecado. ¿Cómo esta su vida hoy?

Pida a los alumnos que completen la actividad 4.

Anime a los alumnos a completar en sus hogares la actividad 5 y las lecturas recomendadas durante la semana.

Termine con oración llevando al Señor las necesidades de los alumnos.

Definición de términos claves

- **Concupiscencia:** Afán o deseo exagerado de bienes materiales o placeres sexuales.

- **Lujuria:** Apetito sexual desmedido. Cuando el deseo sexual se mueve en dirección contraria a la voluntad de Dios.

- **Seducción:** Seducir o atraer con engaño, empujar suavemente al mal.

Resumen

Los deseos sirven para satisfacer nuestras necesidades y nos han sido dados por Dios: comer, tener amigos, demostrar amor sexual a nuestro cónyuge, el gusto por la belleza, entre otros, son deseos legítimos que todos tenemos. Cuando somos tentados estos deseos se disparan, luego somos seducidos a satisfacerlos saliéndonos de los límites establecidos por Dios. Si permitimos que esos pensamientos nos lleven a tomar una decisión en contra de la voluntad del Señor y los llevamos a la práctica, ya sea en nuestro pensamiento, en nuestro hablar o con nuestras acciones, estaremos en desobediencia delante de Dios. El pecado nunca satisface plenamente estos deseos y busca esclavizar y llevar a la muerte a su víctima. Jesucristo triunfó en la cruz sobre el pecado y la muerte. Gracias a él podemos vencer las tentaciones y ser completamente libres de la esclavitud del pecado.

Hoja de Actividades

ACTIVIDAD 1
Lea en grupos de dos o tres alumnos el pasaje de Santiago 1:12-18 en diferentes versiones.

A continuación se incluye en la versión Biblia para Todos. Traducción en Lenguaje Actual de Sociedades Bíblicas Unidas, 2002.

[12]Al que soporta las dificultades, Dios lo bendice y, cuando las supera, le da el premio y el honor más grande que puede recibir: la vida eterna, que ha prometido a quienes lo aman.[13] Cuando ustedes sean tentados a hacer lo malo, no le echen la culpa a Dios, porque él no puede ser tentado, ni tienta a nadie a hacer lo malo. [14] Al contrario, cuando somos tentados, son nuestros propios deseos los que nos arrastran y dominan. [15] Los malos deseos nos llevan a pecar; y cuando vivimos sólo para hacer lo malo, lo único que nos espera es la muerte eterna.[16] Mis queridos hermanos, no sean tontos ni se engañen a ustedes mismos. [17] Dios nunca cambia. Fue Dios quien creó todas las estrellas del cielo, y es quien nos da todo lo bueno y todo lo perfecto. [18] Además, quiso que fuéramos sus hijos. Por eso, por medio de la buena noticia de salvación nos dio una vida nueva.

ACTIVIDAD 2
En grupos de 3 a 4 integrantes dialoguen sobre lo siguiente...

¿Qué puede hacer un cristiano que está solo y de pronto se abre pornografía en su computadora o pasa un canal de televisión donde están dando una película con escenas provocativas de sexo? ¿Cómo puede huir de la tentación?

_____

_____

_____

ACTIVIDAD 3.
Lea la historia de David y Betsabé en 2 Samuel 11:5-27 y haga una lista de todo lo que hizo David para tratar de "ocultar y arreglar" su pecado.

_____   _____

_____   _____

_____   _____

ACTIVIDAD 4.
¿Está en peligro de caer en una tentación actualmente? Examine su vida respondiendo a las siguientes preguntas.

a. ¿Hay algún pecado actualmente que despierta deseos en mí? _____
   (Si tu repuesta es sí, has llegado a la etapa 1).

b. En la escala de 1 a 10 ¿qué tan intenso es ese deseo en mí? _____
   (Si tu respuesta es 5 a 10 estás en la etapa 2).

c. ¿Cuánto tiempo hace que estoy pensando acerca de esto? _____
   (Si tienes algún tiempo pensando ya llegaste a la etapa 3).

d. En la escala de 1 a 10 ¿Qué tan malo considero a este pecado? 1 es un pecado no muy malo y 10
   demasiado malo. _____
   (Cualquiera sea tu respuesta estás en la etapa 4, pero si es mayor que 8 estas pisando terreno peligroso).

e. ¿Estoy tratando de encontrar razones para justificar esto que quiero hacer? _____
   (Si tu respuesta es sí, haz llegado al nivel 4).

f. ¿He pensado en un plan para hacer esto que deseo? ¿He imaginado o me he hecho un cuadro mental de
   cómo será cuando lo lleve a la acción?_____
   (Si tu respuesta es sí, estás en la etapa 5).

g. ¿He llevado este plan a la acción sólo una vez? _____
   (Si respondes sí, estás en el nivel 5).

h. ¿Hace tiempo que estoy en este pecado? _____
   (Si tu respuesta es sí, estás en el nivel 6).

Según tus respuestas, señala en el gráfico siguiente en cuál etapa te encuentras ahora.

1.	2.	3.	4.	5.	6.	7.
Mirada	Deseo	Carnada	Embarazo	Nacimiento	Consumación	Muerte
"…cuando de su propia concupiscencia…	…es atraído (por sus propios deseos)…	…y seducido. Entonces…	…la concupiscencia, después que ha concebido,…	…da a luz el pecado…	…y el pecado, siendo consumado,…	…da a luz, la muerte."
DESEO			PENSAMIENTO		ACCIÓN	
No pecado			Decisión de pecar	Pecado	Más pecado	Mayor pecado

ACTIVIDAD 5.
Haga una lista de las cualidades de la forma de pensar que agrada a nuestro Señor, según Filipenses 4:8 y aprenda de memoria este texto durante la próxima semana.

_____   _____

_____   _____

_____   _____

LECTURAS RECOMENDADAS

Responda a la tentación con la verdad revelada en la Palabra de Dios. A continuación se incluye una lista de pasajes bíblicos que le ayudarán a llenar su mente de la verdad de Dios durante esta semana y a orar para ser libre de los pensamientos impuros.

- Levítico 18. Examina tu vida para ver si hay algún pensamiento impuro relacionado con estos pecados y confiesa a Dios en oración estos pensamientos. Si estás conciente de que este pensamiento se ha vuelto pecado en tu corazón, reconoce que permanecer en ello te hace daño, hace daño a tu familia, a tu iglesia y a aquellos que están siendo tocados por tu testimonio y servicio cristiano. Pide perdón a Dios y renuncia a ese pecado.

- Romanos 6:10-14. Ora: renuncio a esta tentación y someto todo mi ser para servir a Dios en justicia y santidad. Agradece a Dios por la muerte de Jesucristo que te ha hecho libre del pecado.

- 2 Corintios 5:14 a 7:1. Ora: reconozco que hay deseos en mí que hacen que esta tentación me seduzca. Señor dame dominio propio para controlar estos deseos con el poder de tu Espíritu que mora en mí. Santifica estos deseos Señor. Que estos deseos sean satisfechos en obediencia a tu voluntad.

- Efesios 4:22-32. Ora: Soy conciente de que el Espíritu Santo habita en mi vida y no quiero ofenderle o entristecerle cometiendo pecado de ningún tipo. Señor líbrame de cometer pecado con mi pensamiento, con mi boca o con mis acciones.

- 1 Corintios 10:12-13. Confiesa con tu boca: Creo que mi Salvador no permitirá que sea tentado más allá de lo que pueda resistir. Agradece al Señor por su gracia.

- 1 Corintios 3:16-17. Ora: Señor, yo te he prometido ser santo en toda mi manera de vivir. Ayúdame a cumplir esta promesa. Señor, me he sometido a tu voluntad y a tu gobierno en todas las áreas de mi vida. Fortalece mi voluntad para serte fiel.

Mis notas

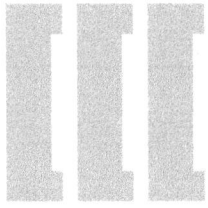

LA VERDAD COMO NORMA DE VIDA
LECCIÓN 11

Objetivos de la lección

Que el alumno...

- Reconozca que nuestro Dios, es un Dios de verdad, justo y recto, que aborrece la mentira y toda clase de mal.

- Comprenda que como hijos de Dios, debemos comprometernos a vivir en la verdad y en la honestidad total.

- Tome conciencia del daño que estas obras de la carne producen en la vida del cristiano.

- Examine su vida para identificar cualquier tipo de estas obras de la carne.

- Escoja una vida libre de mentiras, chismes, calumnias y murmuraciones.

Recursos

- Una persona dispuesta disfrazarse y actuar. La persona estará oculta hasta el momento que se indica en el punto 5. La idea de esta representación es que los alumnos entiendan más sobre las apariencias o la hipocresía que es una forma de mentira. Para esconder la verdadera personalidad puede escoger entre las siguientes opciones:

- Una mascara y ropas diferentes al uso común de la persona.

- Si puede conseguir una maquilladora, haga que maquillen a un hermano o hermana de la iglesia. Debe ser una transformación total de manera que la apariencia verdadera quede oculta (Usar por ejemplo: peluca, bigotes, barba, cejas, ropa, etc.).

- Un disfraz completo de esos que la persona se mete adentro que se usan para publicidad y ocultan por completo a la persona. Puede ser uno de Papá Noel por ejemplo u otro como una sábana para parecer fantasma o Batman.

- Otra opción es usar un programa de computadora y hacer la transformación partiendo de una foto de alguien conocido de la iglesia.

Vivimos en un mundo donde decir la verdad no es lo común. En la mayoría de los ámbitos de la vida la mentira, el fraude, el engaño es el pan de cada día. Los políticos, por ejemplo, mienten prometiendo lo que saben de antemano no podrán cumplir; los medios publicitarios no nos dicen toda la verdad sobre los productos que ofrecen y para tener más ganancias, ofrecen productos tan dañinos como el cigarrillo, bebidas alcohólicas y otros, haciéndonos creer que si los consumimos seremos más amados y más felices.

Vivimos en un mundo lleno de mentiras, falsedades, fraudes, engaños, apariencias y otras clases de maldad. Este problema llega a infiltrarse en nuestras iglesias y hogares.

En ocasiones se le pregunta a un hermano(a) porqué llega tarde o porqué no cumplió con alguna responsabilidad asignada; la respuesta que se obtiene en muchos casos son mentiras a las que preferimos llamar "excusas". También encontramos cristianos que ponen menos cantidad de diezmo de lo deberían; predicadores que exageran la verdad; padres que engañan a sus hijos con "mentiritas blancas" o que le piden a sus hijos que, mientan por ellos diciendo: "mi mamá no está" cuando el cobrador llega a la puerta. La mentira ha corrompido nuestro mundo, nuestra sociedad, nuestros gobiernos, las instituciones y nuestras familias.

Pero la Palabra de Dios nos dice la verdad sobre este problema y es que la mentira reside en el corazón del ser humano. Allí es donde se generan y se maquinan las mentiras, los chismes, los engaños, la hipocresía y las apariencias. Es por ello que en esta lección trataremos el tema de la mentira desde la perspectiva divina.

Estudio bíblico III

·········o **Introduzca esta sección con la actividad 1.**

1. ¿Por qué y para qué mienten las personas?

III **Pregunte a la clase ¿Cuáles son las razones por cuáles las personas mienten?**
Escriba la pregunta y un resumen de las ideas de la clase en la pizarra. III

Veamos algunas razones que encontramos en la Biblia por las cuáles las personas mienten:

a. Mentimos por temor a ser dañados

Evitar el sufrimiento de cualquier tipo es algo que se relaciona a nuestro instinto de supervivencia, por ello todos los seres humanos procuramos evitar el dolor. En el libro de

Génesis 12:10-20 se narra la historia de Abraham quien mintió sobre la relación que había entre él y su esposa Sara, diciendo que era su hermana (Gn. 12:13) En realidad Sara era su media hermana, hija de su padre Taré, pero de una madre diferente (Gn. 20:12), pero también era su esposa, lo cuál no era extraño pues en aquella época eran comunes los casamientos entre familiares. Sara era una mujer de belleza poco común, tanto que un hombre poderoso como el Faraón de Egipto no tendría problemas para matar a su esposo y hacerla parte de su harén. Este era motivo suficiente para que Abraham mintiera para proteger su propia integridad física.

> **Pida a un alumno que lea Génesis 12:18-20 y pregunte a los alumnos ¿Qué ocurrió cuando se descubrió la mentira de Abraham?**

En realidad la mentira expuso a Abraham a un peligro mucho mayor cuando fue descubierta.

b. Mentimos para escapar de la responsabilidad

Cuando inventamos una excusa es para evitar la responsabilidad que nos corresponde. La mentira no elimina la responsabilidad por hacer lo correcto.

> **Pida a los alumnos que den ejemplos de excusas que pone la gente para evadir responsabilidades.**

c. Mentimos cuando pensamos que Dios no se ocupará de suplir nuestras necesidades

En Génesis 27 se narra la historia de Jacob cuando usurpa la primogenitura de su hermano Esaú, mintiendo para obtener la bendición de su padre, la cuál le concedía el derecho a ser el líder espiritual y material de la familia. Jacob trató de resolver su problema a su manera, usando la astucia y el engaño. Nuestra falta de fe en la habilidad de Dios o el dudar de Su deseo de actuar en favor nuestro, puede hacernos tomar las cosas en nuestras manos lo cuál nos traerá como a Jacob graves consecuencias.

d. Mentimos para obtener provecho propio

Engañar en el peso o en el precio de un producto, mentir sobre otra persona para dañar su reputación, mentir sobre un compañero de trabajo para que nos den un ascenso, prometer cosas que no estamos en capacidad de hacer, hablar exageradamente de nosotros mismos para ganar el respeto de otros, entre otros. En la Biblia se narra el caso de Ananías y Safira (Hechos 5:1-10) quienes quisieron engañar a la iglesia, mintiendo sobre la ofrenda que estaban dando para ganar una reputación de generosidad. Pero no pudieron engañar a Dios quien les castigó provocándoles la muerte instantánea.

e. Mentimos cuando no somos sinceros con Dios

Debería ser natural que todo ser humano se muestre delante de Dios tal cuál es, después de todo ¿no podemos engañar a Dios verdad? Pero la realidad es que al ser humano le cuesta ser absolutamente sincero. Muchos son los que se engañan buscando a Dios por motivos engañosos. Están los que buscan a Dios por temor de ir al infierno, otros por un milagro, otros para tener prosperidad económica, hay quienes le buscan por trabajo, y ¡hasta los que quieren un novio o novia! Buscar a Dios por motivos ilegítimos es peligroso.

> **Pida a un alumno que lea Jeremías 29:12 y 13.**

En estos versículos encontramos dos frases dignas de analizar. "Buscaréis" significa "una búsqueda con fervor vehemente", una búsqueda más allá de una oración común y corriente. Vehemente es lo opuesto a indiferente.

"De todo vuestro corazón" implica buscar intencionalmente lo que se desea alcanzar. Lo que Jehová esta diciendo por el profeta, es que él desea que Su pueblo le busque con confianza y con un interés sincero. Lo opuesto a sinceridad es hipocresía. La persona hipócrita vive su vida llena de mentiras, vive aparentando lo que no es, tratando de engañar a otros todo el tiempo. Jesucristo manifestó abiertamente el rechazo que Dios siente por las personas hipócritas, sobre todo con aquellos que aparentaban una vida de obediencia a Dios en público, pero en realidad se aprovechaban de otros para sacar beneficio para sí mismos (Mateo 23:13-15).

Toda mentira nace entonces de un corazón egoísta y temeroso de perder lo que tiene.

2. DIOS ES UN DIOS DE VERDAD

Nuestro Dios y Padre tiene atributos o cualidades propias que lo hacen único. Uno de ellos es la verdad, la veracidad, la honestidad. Uno de los pasajes bíblicos que lo revelan es Deuteronomio 32:4: *"El es la Roca, cuya obra es perfecta, porque todos sus caminos son rectitud; Dios de verdad, y sin ninguna iniquidad en él; es justo y recto."* Como vemos nuestro Dios no miente y nunca mentirá. Todo lo que ha revelado de Él, es verdad. Todo lo que ha prometido lo ha cumplido. Todo lo que falta por cumplirse lo hará.

Nuestro Salvador Jesucristo como Dios también es veraz, todo lo que ha hecho y dicho es verdad. Si Él dice: *"Yo soy el camino, la verdad y la vida; nadie viene al Padre, sino por mi"*, es que eso es verdad. El que tiene a Jesús en su vida como Salvador y Señor tiene vida eterna (1 Juan 5:11-12). No hay otro camino, no hay otra persona que pueda salvarnos, Él es la vida.

> ⬥·····o **Pida a tres alumnos que lean 1 Pedro 2:21- 22, Isaías 53:9, Apocalipsis 3:14. Pregunte a la clase ¿Qué nos dicen estos pasajes sobre cómo es Jesucristo?**

Si conocemos bien a Jesucristo veremos que es una persona sincera y honesta. Él no miente, ni engaña a nadie.

Al Espíritu Santo, se le llama también Espíritu de verdad y justamente uno de sus ministerios es guiarnos a toda verdad (Juan 16:13).

Podemos concluir este punto afirmando que nuestro Dios, es un Dios de verdad. Todos sus caminos, ideas, planes, hechos y promesas son verdaderos. No miente para obtener algo de nosotros. No dice una cosa y hace otra. Nuestro Dios es un Dios 100 por ciento confiable. Nunca nos engañará, ni nos mentirá, no nos defraudará, ni nos desilusionará.

3. LOS HIJOS DE DIOS DEBEN SER COMO SU PADRE.

Dios espera que sus hijos hablen con la verdad. Jesús nos dio ejemplo en esto, la Palabra dice que en Él *"no se halló pecado, ni se halló engaño en su boca"* (1 Pedro 2:22).

> ⬥······························o **Pida a los alumnos que completen la actividad 2.**

Los hijos de Dios han sido engendrados por un Dios de verdad, seguimos a un Señor que es la

Verdad de Dios encarnada y debemos vivir una vida totalmente libre de la mentira en toda nuestra manera de vivir. Dios quiere que nos deshagamos de las mentiras, cueste lo que cueste, ya que esa práctica pertenece a la vieja manera de vivir, cuando no éramos hijos e hijas de Dios.

> **Si los que dicen mentiras no son reconocidos como hijos de Dios, entonces... ¿Hijos de quien son? Pida a los alumnos que busquen la respuesta en San Juan 8:44.**

La vida de la persona que constantemente miente, le hace semejante a su verdadero padre que es el Diablo. Los hijos de Dios dicen la verdad como su Padre. Quien miente está en pecado y su pecado le separa de Dios, y le llevará a la muerte. Por esa razón Dios nos advierte en su Palabra que tengamos cuidado en dejarnos esclavizar nuevamente por la mentira.

4. ¿CUÁLES SON LOS BENEFICIOS DE UNA VIDA BASADA EN LA VERDAD?

Podemos mencionar al menos cinco:

a. La verdad nos hace libres de usar una careta o una fachada.

En algunos países hay leyes que protegen a los edificios antiguos. Por ejemplo en Barcelona, España, uno se puede encontrar con el frente de un edificio antiguo que han cortado y separado del edificio original que demolieron y por detrás, a un metro de separación, el nuevo edificio. A la fachada antigua le dejan el espacio de la puerta abierto para que la gente pueda pasar al edificio nuevo y de arquitectura moderna. Las personas que trabajan en estos edificios ocultos no tienen otra salida que vivir con una fachada que no es, ni dice nada sobre quienes son y a qué se dedican. Obligados por la ley están reflejando a los transeúntes una imagen que es falsa. Pero al cristiano no hay ley que lo obligue a vivir de esta manera. Nada nos impide vivir vidas honestas. No hay necesidad de mantener una apariencia de lo que no somos.

El vivir una vida de verdad es ser la misma persona en público y en privado. La honestidad incluye proyectar una imagen exterior de lo que realmente hay en nuestro interior.

b. La verdad nos libra de la vergüenza de ser descubiertos en la mentira.

El segundo beneficio de vivir en honestidad es que nos libra del sentimiento de culpa o del temor de que se descubra la mentira.

c. La verdad nos libra de engañarnos a nosotros mismos.

La Biblia nos enseña que quienes somos y lo que creemos determina como vivimos (Lucas 6:45). Pero si creemos cosas que no son verdad, estaremos atados y limitados. A veces construimos nuestra vida sobre mentiras. Vivimos en un mundo de mentiras donde es más fácil creer en ellas porque todo el mundo lo hace. También están las mentiras que nosotros inventamos. Mucha gente se engaña a sí misma de tal manera que llega a creer sus propias mentiras. Con el tiempo este mal hábito le lleva a no poder distinguir entre la mentira de la verdad.

d. La verdad nos hace libres de la culpa.

Cuando un hijo de Dios miente se siente mal, se siente triste. Esto es gracias al ministerio del

Espíritu Santo en su vida. Si nos mantenemos en la mentira y no hacemos nada para aclarar las cosas, nuestra relación con Dios se afecta (Salmos 32:3-4; Romanos 6:23; Juan 9:31). Pero cuando hablamos con la verdad, nos liberamos del peso de la culpa (Salmos 32:5; 1 Juan 1:9).

e. La verdad nos une más a Dios.

o **Pida a dos alumnos que lean Salmo 15:2 y Proverbios 12:22 y pregunte a la clase: ¿Quiénes son las personas con las que Dios prefiere estar?**

Cuando hablamos la verdad caminamos con Dios y Él camina con nosotros. Nosotros le reflejamos a Él cuando vivimos en la verdad. Sólo podemos ser útiles a Dios y a nuestros semejantes cuando vivimos en la verdad.

5. EL ESPÍRITU SANTO PURIFICA LOS CORAZONES Y LABIOS MENTIROSOS

Quizás tienes esa batalla interna y vienes luchando desde tiempo atrás con este problema en tu corazón. Si tú eres una de esas personas que está tratando de cambiar y de dejar atrás la mentira y la falsedad pero no ha podido, esto se debe a que hay un mal hábito que se ha arraigado en tu vida.

En este momento de la lección haga entrar a la persona disfrazada y maquillada. Pregunte ¿Quién es esta persona? Luego de risas y comentarios, pregunte a la clase: ¿Qué es lo que impide que podamos ver a esta persona tal cuál es? (Debe estar bien maquillado para que no vean quien realmente es hasta el final de la clase, es probable que deba fingir la voz y caminar y pararse diferente). Pregunte al actor: ¿Cómo se llama usted? ¿De qué se ocupa? (Debe responder puras mentiras).

La clave para librarse del engaño se encuentra en la carta de Pablo a los Efesios 4:22-25.

Luego de leer este pasaje pida a los alumnos que mencionen los verbos imperativos (los que son órdenes para nosotros) en este pasaje y anótelos en la pizarra: Despojaos, renovaos, vestíos, hablad. Luego pregunte a la clase ¿Quién tiene que hacer todo esto Dios o nosotros? La respuesta es nosotros.

Algunos cristianos fracasan en su lucha contra los hábitos pecaminosos porque se equivocan al creer que todo lo hará Dios. Pero nada ocurrirá si pensamos de esta manera. Es verdad que Dios nos purifica, pero somos nosotros los que debemos vivir en pureza. Es cierto que es Dios quien nos perdona, pero somos nosotros los que tenemos que dejar el pecado en el pasado de nuestra vida, en lugar de traerlo a la vida cristiana.

Estos cuatro verbos nos muestran el camino para ser libres de la mentira en nuestra vida. Veamos cada uno de ellos.

Despojaos

Cierta familia tenía una plaga de hormigas en su casa. Habían combatido las hormigas con productos en aerosol, pasando cloro, con ajo y hasta ¡con la tradicional zapatilla!, pero no podían lograr que las hormigas se fueran. Al fin llamaron al fumigador para que venga a hacerles una cotización. El dueño de casa le preguntó sobre qué producto iba a usar en el proceso. El fumigador le respondió: "Eso dependerá de cuanto tiempo usted quiera apartar a las hormigas de su casa. Si quiere que el problema se acabe definitivamente debemos aplicar un producto bien fuerte, bañar todas las paredes internas y externas de la casa, cortar las ramas de los árboles que tocan el techo y volver a examinar y repasar de tiempo en tiempo."

Los cristianos tratamos a veces de correr el pecado de nuestra vida haciendo lo que nos cuesta poco. Pero cambiar de vida no es nada que cueste poco. Hay que deshacerse de la pasada manera de vivir, hay que sacarla de nuestra vida así como sacamos la basura para que no se pudra dentro de nuestra casa y empiece a dar mal olor. En la vida cristiana sin renuncia, sin pagar el precio no hay posibilidad de ganar la batalla.

||| Pregunte a su actor: ¿Cómo se siente con toda esta ropa y maquillaje? ¿Quiere deshacerse de todo el maquillaje y el disfraz para volver a ser quien usted realmente es? (La idea es que responda mal, cansado, con calor, incómodo, y luego ¡sí quiero salir de esto!). Pídale que vaya a cambiarse y quitarse el maquillaje y luego regrese. (Vea si es necesario que salga o puede hacerlo enfrente de la clase con algo de ayuda). |||

Renovaos y vestíos

Pero también hay que renovarse y vestirse del nuevo hombre que es Jesucristo. Jesucristo es el vestido nuevo, la ropa nueva y limpia que Dios nos regala. ¿Qué hacemos cuando nos vamos a poner una ropa nueva? ¿Nos quitamos la vieja y nos bañamos primero verdad? ¿Por qué hacemos esto? Pues por muchas razones. Una es que la ropa nueva no se verá bien sobre la vieja, otra es que no queremos ensuciar la ropa limpia. Lo mismo ocurre con la vida de Cristo. Esta vida nueva no luce bien en una persona donde hay pecado y lo que es peor aún, la gente inconversa puede hacerse una imagen equivocada de Cristo, cuando sus hijos portan el nombre de cristianos y no viven en la verdad.

La única manera de vestirnos con la vida de Cristo es aceptar que necesitamos ser transformados en una nueva persona por el poder del Espíritu Santo obrando en nuestra vida cada día. Pero si sigo pensando que mi vida esta bien como está, nada va a ocurrir y seguiré atado a las mentiras. El vestirnos de Cristo es un proceso que nunca acaba. ¡Tenemos tanto que aprender de Él!, ¡tanto que corregir en nuestra vida!, ¡tantas áreas para aprender a imitarle! El vestirse de Cristo es algo que debemos hacer a diario, como cuando nos vestimos al levantarnos.

||| En este momento muestre al actor sin maquillaje, ni disfraz y pregunte a la clase ¿Podemos reconocerle ahora? ¿Quién es? Luego de que digan su nombre real prosiga con el siguiente punto. Aunque el actor no debe hablar aquí pregúntele ¿Cómo se siente libre de todo este peso? El responderá con señas o con una sonrisa o dando un salto de alegría. |||

Hablad

Pero despojarnos del pecado, renovarnos y vestirnos de Cristo aún no es suficiente. Sólo hemos realizado unos cambios superficiales. La verdad es que la única forma de cambiar un mal hábito es reemplazándolo por uno bueno. La solución para dejar de mentir no es dejar de hablar, sino hablar la verdad. La clave para dejar de mentir está en amar. Cuando somos llenos del Espíritu de amor recibimos la capacidad para comenzar a amar como Dios ama. Si yo amo a mi hermano como Dios le ama no le voy a mentir, no voy a hablar a sus espaldas, no voy a levantar chismes contra él.

▐▐▐ Pregunte al actor ahora: ¿Qué debería hacer usted ahora para empezar a hablar la verdad con estas personas y pedirles perdón por haberles mentido? La idea es que el actor se mueva en la clase y pida perdón a los hermanos por haber querido engañarlos, presentándose a ellos con su verdadero nombre. ▐▐▐

Dios tiene el poder para cambiar una vida de mentiras por una vida de verdad, pero la decisión es nuestra. Solo hay dos caminos, vivir en la mentira o vivir en Cristo que es la verdad. Si permanecemos en la mentira no podemos vivir cerca de Dios y servirle como El quiere. ¿Qué escogerá usted?

⬢······o Culmine la clase invitando al grupo a completar la actividad 3 y a hacer una oración como la que se incluye en la actividad 4. Anime a los alumnos a hablar la verdad esta semana en todos los campos de su vida, cueste lo que cueste.

Definición de términos claves

- **Mentira:** decir o hacer algo contrario a la verdad. Hacer creer a otros algo que no es verdad.

- **Hipocresía:** fingir cualidades o sentimientos. Engañar a otros en cuanto a quienes somos o que sentimos.

- **Veraz:** que dice siempre la verdad.

- **Honestidad:** decencia, honradez.

Resumen

Mentiras, engaño, hipocresía y otras semejantes deben morir en la vida del cristiano. Jesús enseñó que el que continúa mintiendo no pertenece a la familia de Dios, sino a la del Diablo. La única forma de dejar los malos hábitos de la vida vieja es tomando la decisión de cambiar. Jesucristo nos ha mostrado cómo se vive una vida en la verdad para que sigamos su ejemplo. Despojarnos de las mentiras, revestirnos de Jesucristo y hablar la verdad unos con otros es la única manera de cambiar este hábito que tanto daño trae a nuestra vida, a nuestra familia, a la iglesia y a la sociedad.

ACTIVIDAD 1
Evalúese usted mismo por medio de este test: ¿Qué tan sincero soy?

Conteste a las siguientes oraciones usando la clave indicada:

V = VERDAD (Sí, esto se aplica a mi vida)

F = FALSO   (No, no hago esto en mi vida)

? = NO SE   (No estoy seguro si esto se aplica a mi persona)

1. ___ Digo a veces: "Me gustaría ir, pero no puedo", cuando en realidad yo podría ir.

2. ___ A veces digo que estaba (o que estoy) enfermo (a) cuando en verdad no lo estoy.

3. ___ En ocasiones no he depositado el diezmo completo del Señor.

4. ___ Cuando alguien me pregunta: "¿Conoce usted a Fulano de tal?", a veces respondo "sí" aunque no le conozco.

5. ___ Encubro a veces la verdad sobre mi edad o mi peso cuando estoy hablando a otros.

6. ___ No cumplo como es debido con mi responsabilidad de pagar impuestos.

7. ___ A veces digo: "yo ya le envié ese correo" cuando en realidad no lo hice.

8. ___ Cuando alguien me pregunta si he leído cierto libro, digo que sí cuando no lo he leído.

9. ___ Digo a veces: "Sí, yo me acuerdo de eso", cuando lo había olvidado por completo hasta que el (ella) lo mencionó.

10.___ Digo a veces: "Siento mucho haber llegado tarde, dando cualquier excusa que he inventado.

11. ___Tiendo a inflar los números en los informes y/o asuntos financieros.

12.___ Tiendo a manipular y distorsionar versículos bíblicos para apoyar lo que digo.

13.___ A veces digo: "Voy a orar o estuve orado por ti" cuando no es verdad, porque se me olvidó.

14.___ Admito que a veces añado a la verdad algo que no es exactamente la verdad.

15.___ A veces empleo adulaciones o elogios que no son sinceros.

16.___ A veces me callo cuando oigo una mentira acerca de otra persona, haciéndome cómplice en la mentira.

17.___ A veces finjo estar más ocupado (a) de lo que estoy.

18.___ No puedo decir que mi resumen o currículo para solicitar un nuevo empleo es totalmente exacto.

19.___ A veces miento porque tengo miedo de que otros no me aprecien tal cual soy.

ACTIVIDAD 2

¿Es aceptable o excusable la mentira entre los cristianos? Lea los siguientes pasajes y complete la frase. Efesios 4:25, Colosenses 3:9, 1 Juan 3:5-8.

"Como hijos de Dios hemos sido trasladados del reino de _____ al reino de _____. Ahora tenemos el poder de Dios a nuestro alcance para alejar de nuestra vida _____."

ACTIVIDAD 3

Haga una lista de aquellas personas con las que no ha sido absolutamente sincero en las últimas semanas y meses, a las que debería pedir perdón.

_____

_____

_____

_____

_____

_____

ACTIVIDAD 4

Si en el estudio de esta lección ha descubierto y/o comprueba que no es veraz, honesto y honrado con Dios, consigo mismo y los demás, entonces necesita arrepentirse. Porque los labios mentirosos son abominación a Jehová (Proverbios 12:22a). Hay que morir completamente a esa clase de vida, desecharla, es decir, negarse completamente a una vida que incluya cualquier clase de mentira. Si ha tomado la decisión de cambiar haga lo siguiente:

- Ponga toda su fe en el Dios verdadero que quiere ayudarle a vivir una vida en la verdad.

- Pida perdón a Dios en oración, pida que le limpie de la inmundicia de la mentira, porque usted quiere ser un hijo o hija suyo en verdad.

- Dígale a su Padre Celestial cuanto desea que su vida cambie para que sea agradable a sus ojos.

- Haga un compromiso con Dios de dejar en el pasado toda palabra o conducta mentirosa y pídale a Dios fuerza y perseverancia para vestirse de la verdad de Cristo cada día.

LECTURAS RECOMENDADAS

- Salmo 62
- Proverbios 14
- Romanos 1:18-32
- 1 Juan 2:18-29
- Apocalipsis 14:1-5

Mis notas

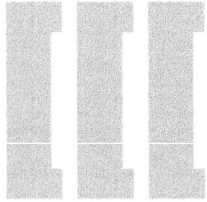

USEMOS EL LENGUAJE PARA BENDECIR
LECCIÓN 12

Objetivos de la lección

Que el alumno...

- Comprenda que ser de bendición a otros debería ser algo natural en la vida de todos los cristianos.

- Conozca las poderosas herramientas que puede usar para comunicar bendición a otros.

- Asuma su responsabilidad de ser una fuente de bendición para su familia, su iglesia y todas las personas con quienes se relaciona en el diario vivir.

Recursos

- Prepare un marcador y una lámina de papel grande con esta lista de palabras: – Te felicito – ¡mira que torpe eres! – ¡qué buen trabajo! - ¡Qué idiota! – ¿Qué te pusiste? – ¡Ese corte de pelo te queda horrible! – ¿Viste que gorda está…? – ¿Ese es tu amigo? Ten cuidado… – ¡Qué linda estuvo tu participación! – Te amo – Gracias– ¡Si haces esto te va a ir mal! – perdón- ¡Déjame acompañarte en este dolor! (Puede agregar más palabras dañinas si se usan a diario por la gente en su contexto como ser: tonto, tarado, u otras… o reemplazar algunas para facilitar la comprensión de su grupo).

- Destaque los cinco elementos de la bendición. Puede hacerlo con una lámina de colores, o usar la pizarra o si lo prefiere puede ilustrar con fotos o dibujos.

- Si usted ha sido una persona a quien se negó o se impartió la bendición en su hogar puede usar su propio testimonio.

Introducción ▌▌▌

▌▌▌ **Escriba en la pizarra: "Dios le bendiga", "victorioso, prosperando y bendecido" (puede incluir o reemplazar por otras frases que se usan en su contexto que incluyen la palabra "bendición" o el verbo "bendecir"). ▌▌▌**

▌▌▌ **Incentive la participación de los alumnos con las siguientes preguntas: ¿Qué entienden las personas hoy en día cuando le decimos frases como estas? ¿Cómo usamos estas palabras en la iglesia? Mencionarán por ejemplo: como saludo, bendecimos a los niños en los cultos de dedicación, los pastores bendicen nuevos matrimonios, nuevas casas, nuevos templos. ▌▌▌**

Aunque usamos con frecuencia palabras como éstas... ¿entendemos realmente lo que significa bendecir? ¿Es algo importante practicar la bendición en nuestras vidas hoy? ¿Qué tanto necesitamos ser bendecidos? Responderemos estas preguntas en el transcurso de esta lección.

El verbo "bendecir" en hebreo significa literalmente "doblar la rodilla". En la antigüedad esta palabra expresaba respeto y reverencia hacia una persona que se consideraba importante. La bendición incluye palabras que resaltan el valor de una persona en lugar de elogiar sólo sus obras.

⬟ ···○ **Pida a la clase que complete la actividad 1**

En esta lección vamos a estudiar cuáles son los elementos que componen la bendición y cómo puedo ser yo una persona que traiga bendición a mi familia y a mi iglesia.

Estudio bíblico ▌▌▌

1. LA BENDICIÓN EN EL ANTIGUO TESTAMENTO

En los tiempos del Antiguo Testamento, la bendición se pronunciaba no en un culto sino en el seno de la familia. Ella estaba presente en los momentos importantes de la vida como ser: nacimiento (Rut 4:13ss,), bodas (Génesis 24: 60) y fallecimientos (Génesis 48 y 49 1-28). El padre de familia daba la bendición a cada uno de sus hijos varones y principalmente al hijo mayor, el primogénito, quien heredaba el doble de las posesiones materiales que el resto de sus hermanos. Pero lo más importante es que el hijo mayor recibía la responsabilidad de ser el líder espiritual de la familia (Génesis 27:1, 48:1ss).

La bendición en el Antiguo Testamento tenía características únicas. La primera, es que Dios usó este concepto de bendición para identificar a la línea de los descendientes de Abraham, a través de la cuál vendría nuestro Salvador Jesucristo. El pacto de bendición divina se hizo originalmente con una familia y pasó a toda su descendencia, el pueblo de Israel. La segunda, es que Dios escogió a aquellas personas que iban a heredar esta bendición, quienes en algunos casos no fueron los hijos mayores, como en el caso de Jacob y Esaú (Génesis 48:14) o Efraín y Manasés (Romanos 9:11-13). El último aspecto particular de la bendición en la antigüedad era su carácter profético. Las palabras pronunciadas en la bendición anticipaban la acción sobrenatural de Dios en la vida de la persona y eran irreversibles. La bendición se impartía a perpetuidad, o sea a toda su descendencia y no podía anularse o hacerse inoperante (Génesis 27:33, 2 Samuel 7:29).

Estos tres aspectos mencionados de la bendición fueron exclusivos para el pueblo de Israel, con la venida de Cristo esta bendición ha pasado a ser para todas las familias de la tierra, quienes la hacen suya cuando aceptan a Jesucristo como su Señor y Salvador. Sin embargo debemos resaltar los poderosos elementos que estaban presentes en esta bendición familiar del Antiguo Testamento y que podemos emplear para bendecir a otros hoy.

2. LOS CINCO ELEMENTOS BÁSICOS DE LA BENDICIÓN FAMILIAR

Hay cinco elementos que están presentes en toda bendición que se daba en las familias de Israel en la antigüedad y que aún continúan en las costumbres judías en la actualidad. Todos ellos están presentes en la bendición de Isaac para sus hijos, la cuál usaremos en este estudio.

1. Contacto físico significativo

························○ **Pida a un alumno que lea Génesis 27:26.**

Cuando un padre pronunciaba la bendición a sus hijos era acompañada de contacto físico como besos, abrazos o imposición de manos y este era un aspecto importante de la bendición. Hoy conocemos más sobre la importancia del contacto físico para el desarrollo emocional saludable en personas de todas las edades. El "tocar" es una parte muy importante de la demostración del cariño y aceptación en casi todas las culturas, aunque las costumbres varían.

▌▌▌ Pregunte a la clase: ¿Cuáles son las formas de contacto físico en que los padres y madres demuestran su amor y aceptación a sus hijos en nuestra cultura? ¿Pueden mencionar ejemplos de formas diferentes de manifestar afecto entre esposos, amigos, o a los hijos que usan personas de otras culturas? ▌▌▌

En nuestro tiempo la ciencia ha demostrado que el sentido del tacto está no sólo en las manos, sino en toda la piel que recubre nuestro cuerpo. Debajo de la piel existen terminaciones nerviosas que llevan a nuestro cerebro las sensaciones de dolor, de placer, de confort, de calor, de frío, entre otras. Dios nos ha hecho a todos y todas con la necesidad de ser amados y con la necesidad de sentir ese cariño a través de nuestra piel. Las personas que carecen de este tipo de afecto pueden llegar a enfermarse emocionalmente, psicológicamente y hasta físicamente. Desde dar la mano, palmear la espalda, un abrazo y hasta besos, según lo aceptado por las costumbres del grupo social, son pequeños gestos por medio de los cuáles podemos impartir salud integral a la vida de quienes nos rodean.

▌▌▌ Pregunte a la clase: ¿Cuáles serían las formas apropiadas e inapropiadas de demostrarnos afecto y aceptación entre la gente en la iglesia, según nuestra cultura? Si tiene alumnos en su clase que están de novios pregunte: ¿Cuáles son las formas apropiadas de darse cariño físico entre los novios? ▌▌▌

2. La expresión verbal

Las palabras de amor y aceptación son el segundo elemento presente en la bendición. En nuestro tiempo las palabras de amor y aceptación escasean en muchos hogares. Algunas familias viven en la misma casa pero no hay comunicación significativa entre sus miembros. Muchos padres creen equivocadamente que los hijos deben entender que sus padres les aman porque se ocupan de satisfacer sus necesidades y están presentes en el hogar, aunque nunca se lo digan con sus palabras. La verdad es que estos niños crecerán inseguros y se verán a sí mismos como personas de poco valor. Los niños interpretan el silencio de sus padres como desprecio. Estos son los niños que luego le dan trabajo a los consejeros, psicólogos y psiquiatras.

En las familias de la Biblia la bendición se transmitía por medio del habla, Dios habla a su pueblo y llegando al nacimiento de Jesús nos encontramos que Dios bendijo a la humanidad dándonos al "Verbo" su Hijo, su Palabra hecha carne, revelándonos así la magnitud infinita de su amor por nosotros. Dios ha sido en toda la historia un Dios que habla y que comunica su amor.

3. Expresar una profunda valoración

El tercer elemento de la bendición es el contenido o el mensaje que transmiten las palabras que se pronuncian. Estas palabras expresaban una profunda valoración.

····o **Pida a un alumno que lea en Génesis 27:27-29 las palabras de bendición de Isaac sobre su hijo.**

Estas palabras describen a una persona valiosa, una persona ante quien ¡las naciones se inclinarán! Debemos resaltar el uso poderoso de las metáforas en la bendición comparando a su hijo con cosas buenas que tienen la aprobación de Dios.

Pregunte a la clase: ¿Cómo podemos usar las metáforas para comunicar bendición?

En cuanto al contenido, la bendición de Isaac a su hijo transmite fuerza, salud y prosperidad, esta última se refiere a la fecundidad de la familia (Génesis 24: 34-36) y del ganado, que era el sustento de la familia (Génesis 30: 25-27). En dirección vertical la bendición apunta hacia la prosperidad de las sucesivas generaciones de la familia. En el plano horizontal ella produce la paz y tranquilidad, la seguridad ante los enemigos, la felicidad y la salud de la familia.

¿Si la bendición son palabras de valoración…. ¿Qué tipo de palabras o frases de esta lista podemos clasificar como maldición en nuestros días? Muestre la lámina con la lista de palabras que ha preparado y pida a un voluntario que pase a subrayar las palabras. Luego pregunte a la clase si están de acuerdo o si creen que hay algo que se debe corregir.

Para ser de bendición a nuestros hijos, esposa, esposo, amigos, debemos hablar palabras de cariño, de valoración y de respeto.

4. La descripción de un futuro especial

·································o **Pida a un alumno que lea Génesis 27:28,29.**

El cuarto elemento que encontramos en la bendición es la descripción de un futuro especial para la persona que la recibía. Estas son palabras de buenos deseos que expresan el sueño que un padre o madre tiene para sus hijos. En los tiempos antiguos estas palabras eran también una profecía que Dios se encargaba de ejecutar. Pero en nuestros días es diferente.

Aunque hoy no podemos "adivinar" el futuro a nuestros hijos, sí podemos ayudarles a valorar las capacidades que Dios les ha dado y animarles para que tengan metas significativas en su vida. Todos nos sentimos seguros cuando estamos caminando en el camino que nos lleva a ser lo que Dios tiene planeado para nosotros. Muchos jóvenes y adultos hoy en día no saben que hacer con su vida, muchos sienten que no tienen nada de valor que dar a otros.

Los padres cristianos tenemos la responsabilidad de transmitir a nuestros hijos un sentimiento de confianza en sí mismos para que ellos tengan el valor de hacer el esfuerzo necesario para llegar a ser las personas de bien que Dios quiere que sean.

Debemos hacernos preguntas como estas: ¿Qué sueña Dios para mi futuro? ¿Qué sueña Dios para el futuro de mi esposo o esposa? ¿Qué sueña Dios para mis hijos? Las respuestas a estas preguntas se relacionarán con las capacidades especiales y el potencial que Dios le ha dado a cada uno para desarrollar.

5. Un compromiso activo

El quinto elemento de la bendición se refiere a la responsabilidad que asume el que pronuncia la bendición con la ejecución de la misma. El mejor ejemplo de ello lo tenemos en la relación de Dios con el pueblo de Israel.

···o Pida a un alumno que lea Génesis 12:3.

La bendición del Señor para Abraham no sólo eran palabras de buenos deseos que Dios le comunicó. Dios mismo intervino en la vida de su siervo para que este futuro llegara a realizarse, aún después de su muerte Dios se mantuvo fiel y permaneció al lado de sus descendientes mientras la bendición se iba concretando en la historia humana.

3. HOGARES QUE CARECEN DE LA BENDICIÓN

Como hemos visto hasta aquí, cuando nuestra familia se preocupa por nosotros y nos imparte bendición esto deja una marca positiva en nosotros. Pero algunas personas han vivido en hogares donde nunca se les dio bendición. Esto ocurre por lo general porque los padres carecen de conocimiento o de la habilidad de transmitirla. Esta carencia de bendición se transmite en ocasiones de generación en generación.

oPida a un alumno que lea Éxodo 20:5 y pregunte ¿Hasta dónde se extiende el daño o la maldición de los hogares donde no se brinda ni recibe bendición?

oPida a los alumnos que completen la actividad 2 donde se describe los hogares donde no se brinda bendición. Luego pregunte a los alumnos si alguno quiere compartir su respuesta o su experiencia.

La persona que viene de un hogar como estos guarda ira o resentimiento en su corazón y a menos que perdone a sus padres o a los familiares que le hicieron daño, nunca podrá ser libre para vivir en el presente y dar y recibir bendición en sus relaciones. Los cristianos somos llamados a sentir compasión en lugar de criticar a nuestros padres. La mayoría de los padres son personas que realmente aman a sus hijos y aunque no saben demostrarlo, hicieron lo mejor que pudieron. Aún en los casos donde no fue así, está en nuestras manos la decisión de tratarlos a ellos con amor, valorarlos y perdonarlos de la misma manera que Dios hizo con nosotros. El primer paso es aceptar el hecho de que hemos carecido de la bendición en nuestro hogar, para luego tomar la decisión de cambiar la historia para nosotros y nuestra familia, en lugar de repetir este pasado doloroso.

4. EL MODELO DE BENDICIÓN EN JESUCRISTO

La comprensión de la bendición en el Nuevo Testamento está orientada por el Antiguo. El modelo de bendición en el Nuevo Testamento es la persona de Jesucristo quien es al mismo tiempo el cumplimiento de la promesa de bendición a todas las familias de la tierra, que Dios hiciera a su siervo Abraham (Gálatas 3:8-14). En Cristo la bendición de Dios se hizo presente en la historia humana poniendo fin a todo el pecado. Quien vive en el Espíritu está bajo la bendición de Dios y comienza a disfrutar en esta vida esa felicidad completa y eterna que Dios tiene preparada para su creación cuando Jesucristo venga por segunda vez, a establecer su reino eterno. En este nuevo cielo y nueva tierra podremos al fin experimentar la bendición completa de Dios, pues todo será bendición, y todo lo que trae desgracia y maldición ya no podrá alcanzarnos (Apocalipsis 22:14).

En el Nuevo Testamento tanto en la vida de Cristo como en la Iglesia Primitiva encontramos que la bendición se expresaba no en ocasiones especiales, sino en las situaciones cotidianas y hasta casuales de la vida. En los evangelios encontramos por ejemplo que Jesús bendijo a los niños.

⬤ ···········o Pida a un alumno que lea Marcos 10:13-15.

A los discípulos les sorprendió que Jesús tomara tiempo para bendecir a estos niños y a sus madres. Lo que para ellos era una perdida de tiempo, para Jesús era una inversión de su vida en personas valiosas. Jesús nos revela con su conducta que el evangelio son buenas nuevas de bendición para todas las edades. Para Jesús los niños son personas que tienen necesidades de palabras de afecto, de valoración, de caricias, de amistad, y todo esto que nosotros podemos hacer para bendecirles es clave para su crecimiento hacia un carácter cristiano maduro.

Jesús enseñó a sus discípulos que ellos debían ser agentes de bendición.

⬤ ···········o Pida a un alumno que lea Mateo 10:1-16.

En este pasaje Jesús les envía en misión a evangelizar en diferentes lugares donde vivía gente judía. En el verso 12 les encarga dar un saludo de bendición al entrar en la casa donde les dieran alojamiento. La palabra hebrea que usaban para pedir la paz del Señor sobre esa casa era "shalom'" que es la forma de saludo que acostumbran los judíos hasta el día de hoy. Es interesante que Jesús les dice que ellos son portadores de la bendición y deben llevarla donde quiera que van, aún cuando estén en medio de un ambiente hostil.

En este pasaje podemos ver entonces que la bendición no está condicionada a quien la pueda pagar, o a quien dé algo a cambio de ella, o a quien se la merezca, o a los amigos, o a los que nos tratan bien. Nosotros tenemos en nuestras manos el poder de llevar EL MENSAJE de salvación, las palabras de bendición que nuestro mundo necesita. Este mensaje de bendición es Jesucristo.

○ Pida a los alumnos que completen la actividad 3.

La misión de los discípulos y la de Jesús, fue proclamar el Reino de Dios y solidarizase con el sufrimiento de la humanidad. Su objetivo era traer dicha a la vida de las personas. En la bendición de despedida de la comunidad de discípulos Jesús incluye los elementos de la bendición (Lucas 24: 50-53 y Mateo 28:16-20). Aquí el Señor les comunica un sentido de propósito para sus vidas y la promesa de su presencia para que puedan llevarla a cabo con éxito.

5. LA IGLESIA COMO AGENTE DE BENDICIÓN

○ Pida a dos alumnos que lean Génesis 12:2-3 y Hechos 3:25-26.

Desde los tiempos antiguos Dios llamó a Abraham para dar origen a un pueblo llamado a ser bendición a todos los demás pueblos de la tierra. En el Nuevo Testamento la bendición de Dios se hizo carne en su Hijo Jesucristo. La Iglesia es el Cuerpo de Cristo que está presente y actuando en este mundo. Todo lo que hacemos los cristianos en nuestro diario vivir y en los ministerios que desempeñamos debería traer bendición a otros.

En la Iglesia del libro de los Hechos vemos que la bendición no se transmitía solo con palabras, sino ayudando a las personas a alcanzar su plena realización (un ejemplo podemos apreciarlo en el relato de Hechos 3 cuando Pedro ora por la sanidad del cojo). Las personas que están fuera de la iglesia sólo pueden ver la bendición de Dios cuando ven a los creyentes comprometidos en amarse entre ellos y amando a los inconversos.

La Iglesia fue diseñada por Dios para ser Su familia, o sea, una comunidad que se preocupa por los demás. Aunque no hayamos recibido suficiente bendición en nuestros hogares, en la iglesia debemos aprender a ser hermanos y amigos que se valoren y se bendigan los unos a los otros. En la iglesia nos gozamos juntos y lloramos juntos (1 Corintios 12:26) y esto sólo es posible cuando nuestro compañerismo y amor es verdadero. La iglesia puede suplir mejor que ninguna otra asociación humana las deficiencias de bendición de las personas. Cuando los miembros de una iglesia aprenden a compartir los cinco elementos de la bendición el ministerio de la iglesia y la vida de sus miembros cambian por completo.

Los cinco elementos de la bendición pueden ser también una tremenda herramienta evangelística ayudando a la iglesia a cumplir con la Gran Comisión (Mateo 28:19), haciendo discípulos y bendiciendo a un mundo necesitado con el amor gratuito de Dios que habita por el Espíritu Santo en nuestros corazones.

○ Pida al grupo completar la actividad 4

Termine con una oración pidiendo la ayuda de Dios para las necesidades específicas que han manifestado sus alumnos.

Definición de términos claves

- **Maldición:** es toda palabra que se pronuncia con el deseo de hacer daño o perjudicar a otro (Job 31:30; Génesis 12:3). Es lo opuesto a la bendición. El que vive en obediencia a Dios tiene su bendición y el desobediente, el que vive en pecado, trae maldición sobre su vida, no porque Dios quiera dañarlo, sino porque el mismo ha tomado la decisión y ha desechado el camino de la vida y la Salvación que Dios ha provisto en Cristo (Deuteronomio 28:2,15). Jesucristo cargó sobre sí la maldición de nuestro pecado abriendo para nosotros la puerta para que recibamos las inagotables bendiciones gratuitas de nuestro Padre Dios.

Resumen

En la actualidad usamos las palabras "bendecir y bendición" sin comprender su real significado. La bendición en el Antiguo Testamento era una herramienta poderosa para impartir seguridad y amor a los hijos. Hoy podemos usar estas herramientas para edificar la vida de nuestros seres queridos. En el Nuevo Testamento Jesucristo y la Iglesia Primitiva nos ofrecen modelos de cómo el cristiano puede ser de bendición a la vida de otros. Las palabras que hablamos se llenan de poder para cambiar las vidas de otras personas cuando están respaldadas por nuestras acciones de amor. Si prescindimos de estas, la palabra hablada viene a ser solamente un sonido, vacío de significado (1 Corintios 13). El poder de nuestras palabras, así como el de la Palabra de Dios, reside en que el que las pronuncia las respalda con sus hechos.

ACTIVIDAD 1

Lea 1 Juan 1:1-4 y responda:

a. ¿En qué forma o por qué medios habían sido bendecidos los apóstoles al conocer al Verbo de vida de primera mano?

_____

b. ¿Cómo transmitieron a otros ese conocimiento o esa bendición que recibieron?

_____

c. ¿Qué espera Juan que ocurra como resultado de comunicar la bendición a otros?

_____

ACTIVIDAD 2

¿Has vivido o vives en un hogar parecido a estos que niegan la bendición?

Hogar 1: Cuando un hijo es bendecido y el otro ignorado. Lea Génesis 37:3-4.

Jacob demostraba mucho cariño y atenciones a su hijo José y en una medida mucho menor al resto de sus hermanos. Estas diferencias siembran emociones de ira, resentimiento, desaliento, depresión e inseguridad en el corazón de los hermanos menos favorecidos y odio entre los hermanos. También el hijo favorecido sufre, se siente culpable y actúa a la defensiva de sus hermanos. Esto ocurre frecuentemente en los casos de niños que tienen habilidades deportivas o académicas y que se destacan del resto de sus hermanos, quienes a causa del favoritismo de sus padres hacia ellos, se ven alejados del compañerismo de sus hermanos y se sienten solos y rechazados. Para evitar este problema los padres deben tener el cuidado de dar bendición por igual a todas las personas de su familia, incluyendo su esposo o esposa.

Hogar 2: Cuando la bendición no se puede alcanzar

José era ingeniero y un genio en su especialidad, se exigía demasiado a sí mismo y esperaba lo mismo de su familia. Su hijo Carlos procuraba estar a la altura de las demandas de su padre pero nunca era lo suficiente bueno para recibir palabras de valoración y reconocimiento de parte de él. Cuando Carlos traía sus notas, siendo uno de los mejores promedios de su escuela, el único comentario que recibía de su padre era "no has alcanzado un perfecto 100 en varias materias". Este continuo rechazo llevó a Carlos finalmente a desear terminar con su vida cuando por primera vez estando en la universidad recibió una calificación de 80 en una materia (la que el consideraba baja o insuficiente). Para Carlos la bendición de su padre, por más que se esforzaba, siempre estaba fuera de su alcance.

Hogar 3: Cuando se paga un precio muy alto por la bendición

Algunos padres brindan bendición a sus hijos pero a un terrible precio. Sólo se da la bendición a cambio de someterse a los deseos egoístas de sus padres. Padres que usan a sus hijos de paño de lágrimas, o para vengarse de su esposo o esposa, padres que abusan de sus hijos y los amenazan con abandonarlos o privarlos de cuidados obligándolos a ser cómplices de sus acciones. Estos niños crecen con un terrible temor y sentimiento de culpa. Ellos llegan a creer que depende de ellos la felicidad o bienestar de sus seres queridos. Manipular a los hijos para darles bendición o dejarnos manipular para obtener bendición es en realidad una bendición que no vale la pena, porque no es verdadera. La bendición de Dios es por gracia, es un regalo, un favor inmerecido que se da a una persona a quien se valora profundamente.

Hogar 4: Cuando la bendición se condiciona según las tradiciones

Algunos padres niegan la bendición a sus hijos cuando ellos no quieren seguir las reglas del juego. Estos padres suelen planear el futuro de sus hijos de acuerdo a "las costumbres de su familia" como ser: cuál será su profesión, con quién se deben casar, donde tienen que vivir, como será su boda, donde pasarán las fiestas, etc. Cuando su hijo o hija no se ajusta a estos requerimientos estos padres le niegan el cariño, le apartan de sus vidas o eternamente le hacen sentir culpable por defraudar sus deseos.

Hogar 5: Cuando la bendición solo se recibe en parte

Hay diversos tipos de hogares que dejan al hijo con una bendición a medias o incompleta. Las situaciones más comunes son cuando los padres se divorcian y uno de los padres se aleja de sus hijos, cuando uno de los padres se va y abandona a su familia y cuando el niño es dado en adopción.

ACTIVIDAD 3
Para trabajar en parejas. Lea Lucas 6:27ss, Romanos 12:14, I Corintios 4:12, I Pedro 3:9, Gálatas 3:13 y responda...

1. ¿Cómo debemos responder los discípulos de Cristo cuando somos perseguidos, nos insultan o nos desprecian?

_____

_____

2. ¿Hay alguna ocasión en que sea lícito para el cristiano usar la ley del talión o el "ojo por ojo"?

_____

_____

3. ¿Cuál debería ser el trato "natural" del cristiano hacia los enemigos?

_____

_____

4. ¿Es válido para los cristianos maldecir o pronunciar maldiciones contra alguna persona?

_____

_____

5. Mencionen algún ejemplo de maneras de bendecir a los niños de la congregación o de la comunidad que no cuentan con bendición de sus padres.

_____

_____

6. Si la misión de la iglesia es bendecir... ¿cómo podemos ser de bendición a nuestros vecinos y amigos no creyentes? Mencionen dos o tres ideas.

_____

_____

ACTIVIDAD 4

¿Cómo estoy transmitiendo la bendición a mis seres queridos? Encierre con un círculo el número de acuerdo a su respuesta.

		Casi nunca	Frecuentemente
1.	¿Tengo contacto físico significativo con ellos?	1 2 3 4 5 6 7 8 9 10	
2.	¿Les expreso verbalmente palabras de bendición?	1 2 3 4 5 6 7 8 9 10	
3.	¿Les expreso una profunda valoración?	1 2 3 4 5 6 7 8 9 10	
4.	¿Les he descrito un futuro especial para sus vidas?	1 2 3 4 5 6 7 8 9 10	
5.	En general...¿Cómo es mi nivel de compromiso para ayudarles a alcanzar ese futuro especial?	1 2 3 4 5 6 7 8 9 10	

Si sus respuestas han estado más cerca de casi nunca que de frecuentemente, comience a hacer planes para comenzar a revertir esta situación hoy mismo. Según sea su experiencia considere hacer cosas como estas:

1. Pida perdón a Dios y a sus hijos por haberles negado la bendición.

2. Perdone a sus padres o las personas que le han herido y piense en maneras de bendecirlos.

3. Deseche todas las palabras o actitudes del pasado que pueden herir a su familia.

4. Escoja palabras positivas y apropiadas para decir a sus hijos y a su esposo/a. Piense en maneras de hacerles sentir personas valiosas. Nuestros comentarios positivos pueden ayudarles a superar sus inseguridades.

LECTURAS RECOMENDADAS

- Génesis 48 y 49
- Mateo 15:1-20
- Lucas 6:27-42
- Efesios 1:1-14
- Apocalipsis 21:9 al 22:27

Mis notas

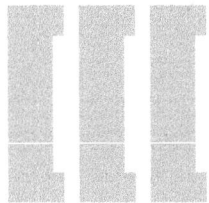

MIDA SU PROGRESO Y SIGA A LA META
LECCIÓN 13

Objetivos de la lección

Que el alumno...

- Conozca las tres etapas del proceso en que la mente de Cristo se forma en la vida del cristiano.

- Identifique las doce esferas que esclavizan la mente del creyente.

- Evalúe sus valores y sus metas conforme a los valores y las metas de Cristo.

- Mida su progreso y se proponga nuevas metas para crecer en su vida espiritual.

Recursos

- Prepare una lámina o pizarra con la lista de esferas que esclavizan la mente.

- Puede distribuir tarjetas con las citas bíblicas que se estudiarán en la lección. Escoja alumnos de voz enérgica y con buena dicción.

Introducción

Las lecciones anteriores de este trimestre nos han ayudado a comprender cuán diferente es la vida de la persona que piensa como el mundo o que vive su vida centrada en sus deseos egoístas, de la vida de un cristiano que piensa como Cristo. Para ello hemos identificado algunos de los frutos nocivos que produce en nosotros la forma de pensar del mundo y hemos tomado decisiones que nos han acercado más a la vida santa que Jesús quiere para nosotros.

En esta última lección, como conclusión al tema, vamos a estudiar cómo es el proceso mediante el cuál el Espíritu Santo moldea la mente de Cristo en nosotros y finalmente vamos a medir dónde nos encontramos en el proceso, identificar nuestras áreas débiles y trazar nuevas metas para nuestro crecimiento espiritual.

Estudio Bíblico

Ser conformados a la imagen de Cristo es un proceso que dura toda nuestra vida. Inicia con el nuevo nacimiento pero continúa desarrollándose. En este proceso podemos identificar tres etapas:

RENDIR LA VOLUNTAD	RENDIR LA MENTE	RENDIR EL CUERPO

1. RENDIR LA VOLUNTAD O FIJAR LA MENTE EN LAS COSAS DE ARRIBA

·······························o **Pida a los alumnos que lean Colosenses 3:2.**

Hemos visto en las lecciones anteriores que el área más profunda de nuestra vida que debe rendirse a Cristo es la voluntad. La voluntad es la que toma las decisiones, la que guía nuestros pensamientos, la que gobierna los sentimientos, la que dirige nuestras acciones. Los seres humanos tenemos también instintos pero, a diferencia de los animales, nuestra voluntad puede gobernar sobre esos instintos. La voluntad es lo que permite que hagamos algo o dejemos de hacerlo en lugar de dejarnos arrastrar por los sentimientos y los instintos.

La única manera de que podamos estar concentrados en lo que Cristo quiere para nosotros es entregando nuestra voluntad a Dios. Jesús nos dio el ejemplo en esto. El siempre estuvo conciente de que había venido a este mundo a realizar la voluntad de Dios. Jesús pudo llegar a cumplir con el propósito de Dios para su vida porque desde el principio tomó la decisión de entregar su voluntad a Dios. Como resultado en su vida podemos ver una mente enfocada en las "cosas de arriba".

2. RENDIR NUESTRO PENSAMIENTO O "RENOVAR" NUESTRA MENTE

........................o **Pida a un alumno que lea Romanos 12:2.**

Pablo nos dice que la transformación de la mente es un proceso que es parte de nuestro crecimiento espiritual. Esta renovación sólo puede ocurrir en aquella persona que ha entregado su voluntad a Cristo.

........................o **Pida a los alumnos que completen la actividad 1.**

El principio de crecimiento en la vida física y en la vida cristiana es la renovación. Cuando Cristo viene a nuestra vida quiere hacer todo nuevo: nuevos pensamientos, nuevos sentimientos, nuevos valores, nuevos deseos, nuevas ideas, nueva energía espiritual, nueva comprensión de la Palabra, nueva apreciación de las personas y de nosotros mismos y nueva fortaleza para resistir la tentación. Todo esto es posible gracias a la renovación de nuestra mente.

3. RENDIR NUESTRO CUERPO O ESTAR DISPUESTO A ENTRAR EN ACCIÓN

........................o **Pida a un alumno que lea 1 Pedro 1:13.**

Como resultado de este proceso de renovación de la mente se produce en el cristiano una nueva disposición de poner su vida al servicio de Dios. Pedro ilustra esta idea comparándola con la costumbre de la gente de su época quienes usaban largos vestidos. Esta ropa les resultaba incómoda a la hora de hacer algunas tareas o practicar deportes y por ello debían levantarla y amarrarla con el cinturón para que no estorbaran a las piernas cuando querían caminar ligero o correr. Cuando la persona se disponía a entrar en acción tenía que ceñirse la ropa y esto era una señal de que estaba dispuesto, preparado.

En la vida cristiana debemos preparar nuestra mente para la acción. Vemos que Jesús estaba preparado para responder todo tipo de preguntas que le hacían, aún de aquellos que venían a Él con malas intenciones.

........................o **Pida a un alumno que lea Lucas 20:20-40.**

Jesús siempre estaba alerta, prevenido y preparado mentalmente. Su mente estaba capacitada para el ministerio que tenía que realizar.

Pregunte a la clase: ¿Qué nos enseña esto en cuanto a la importancia de capacitarse para el servicio cristiano?

4. Transformados por el poder de Dios

Luego de la experiencia de la conversión, parte del proceso de crecimiento del cristiano es la lucha contra los hábitos establecidos. No sólo debemos pensar como Cristo, sino seguir su estilo de vida. ¿Será posible que usted y yo podamos llegar a ser como Cristo? Esto parece algo imposible de realizar.

○ **Pida a un alumno que lea Hebreos 12:2.**

En este pasaje se da una grandiosa noticia: ¡Quien asume mayormente la responsabilidad de hacernos semejantes a Cristo es Dios! Este proceso no depende únicamente de nosotros.

○ **Pida a un alumno que lea Filipenses 2:13 y 1:6.**

En estos pasajes el apóstol Pablo dice que Dios hace dos cosas por nosotros. La primera es crear en nosotros el deseo y la capacidad de tener la mente de Cristo y la segunda es que Dios se compromete a terminar esta obra en nuestra vida. ¡Dios quién nos ha llamado a su familia, quién nos ha iniciado en esta nueva vida, también se compromete a completar su obra en nosotros!

Este proceso no será fácil, habrá momentos de sacrificio, momentos desalentadores, pero no debemos abandonar la lucha y "tirar la toalla", pues no está en nuestras fuerzas finalizar esta obra. Nuestra responsabilidad es mantener los ojos fijos en Jesús, no en nosotros mismos, ni en las circunstancias que nos rodean. Si nos sometemos a Él y permitimos que obre en nuestra vida, seremos testigos del poder de Dios transformándonos para llegar a ser como Cristo.

5. Verdaderamente libres como Cristo

Otro aspecto en que nuestra vida debe crecer es en la libertad de toda forma de esclavitud. Como vimos en las lecciones de este trimestre, hay muchas formas en que el pecado nos atrapa, pero la voluntad de Dios es que seamos completamente libres. Esta libertad tiene un propósito: Dios nos libera del servicio al mundo para que tengamos libertad de servir a Cristo. No podemos servir a Cristo y al mismo tiempo servir al mundo. Debemos cortar todas las cadenas de esclavitud al pecado para poder seguir a Jesús.

Jesucristo fue la persona más libre que haya caminado sobre esta tierra. A medida que su ministerio se iba desarrollando, Jesús tenía que tomar decisiones sobre qué decir y cuando decirlo, sobre adonde ir y cuando era el tiempo oportuno. Jesús tomó las decisiones correctas por eso su vida era santa y pudo hacerlo porque disfrutaba de la libertad para tomar las decisiones espirituales correctas.

Lamentablemente no todos los que asisten a las iglesias cristianas toman este tipo de decisiones. A esto se refiere el apóstol Pedro en 1 Pedro 2:16 cuando dice que no imitemos a aquellos que usan la libertad en Cristo como pretexto para hacer lo malo.

○ **Pida a un alumno que lea Juan 8:31-36.**

Desde el comienzo de los tiempos, el propósito de Dios para nosotros fue librarnos de todo dominio del mal en nuestra vida. Ese fue su propósito al darnos los mandamientos, al dejarnos su Palabra y al enviar a su Hijo. Cuando somos salvos Dios nos libra de toda clase de mal, pero depende de nosotros abandonarlo, cortar las cadenas del pasado que amarran nuestra vida.

El cristiano que continúa sirviendo al pecado no podrá crecer a la imagen de Cristo y no llegará a ser el siervo o sierva eficiente que Dios quiere formar en él.

6. Las esferas o áreas que nos esclavizan

·················○ **Pida a un alumno leer Gálatas 5:1.**

Para ser libres de la esclavitud mental debemos identificar las esferas o áreas en que el pecado nos esclaviza. Cuando el creyente tiene su mente esclavizada su atención se concentra en sus pasiones, ambiciones, rencores, lealtades y otras cosas que lo atan a este mundo y que le impiden estar atento a Dios, a su Palabra y a la oración.

T. W. Hunt y Claude V. King en su libro "La mente de Cristo" explican que estas esferas pueden ser neutrales o dañinas.

Esferas neutrales	**Esferas dañinas**
(Necesitan ser transformadas o restauradas)	*(Deben ser erradicadas)*
Pasiones	*Temores*
Costumbres	*Debilidades*
Lealtades	*Ofensas y rencores*
Relaciones	
Prejuicios	
Deudas	
Bienes	
Deberes	
Ambiciones	

a) Esferas neutrales

Comenzaremos estudiando las esferas neutrales porque son las más fáciles de resolver.

Costumbres son aquellas cosas que hacemos con frecuencia. Los evangelios nos dicen que Jesús tenía ciertas costumbres como enseñar o ir al templo en el día del Señor (Lucas 4:16); ir al monte de los Olivos cuando estaba en Jerusalén (Lucas 22:39); la oración (Marcos 1:35, Lc. 6:12). Todas sus costumbres eran buenas y así deberían también ser las nuestras. Si no es así, entonces debemos tomar medidas para hacer los cambios necesarios.

·················○ **Pida a los alumnos que den ejemplos de malas costumbres que tiene la gente cristiana en su contexto.**

Muchas de estas malas costumbres ocurren porque somos descuidados, o sea, no ponemos atención o no nos esforzamos lo suficiente para dejar de hacer aquello que sabemos no es de provecho. Por ejemplo, hay personas que son desordenadas, al punto que pierden las llaves, pierden documentos, y ¡hasta pierden a los niños! Algunos dicen como excusa: "yo soy así y ya no voy a cambiar", pero esto no es verdad, lo que en realidad quieren decir es "yo no estoy dispuesto a hacer ningún esfuerzo para cambiar esta costumbre".

▐▐▐ Pregunte a la clase: ¿Según la vida cristiana que nos muestra Jesús, es correcto conservar una costumbre cuando con ella causa incomodidad o sufrimiento a la vida de otras personas? ▐▐▐

Las **pasiones y lealtades** son aquellas cosas que defendemos. Si yo elijo quedarme el domingo viendo el partido de fútbol en la hora del servicio en la iglesia, estoy demostrando que seguir a mi equipo favorito es más importante para mí que congregarme. Si pongo excusas para colaborar con la Escuela Vacacional porque esa semana termina la novela que sigo en la televisión, estoy mostrando cuál es mi prioridad en el uso de mi tiempo.

[[[Pregunte a la clase: ¿Cuáles fueron las lealtades de Jesús?]]]

Jesús fue leal a su Padre Celestial, leal a sus discípulos a quienes protegió cuando los acusaban y cuando lo arrestaron, leal a su madre anciana al preocuparse por su bienestar. Nuestras lealtades reflejan cuales son nuestros valores. Dios quiere que nuestros valores y lealtades sean reenfocadas en Él y en Su obra.

⬙ ·················o Pida a los alumnos completar la actividad 2.

Las **relaciones** es una esfera para muchos difícil de entregar. Dios quiere ser el primero en nuestra vida, la relación más importante de nuestra vida. También quiere ser la persona más importante en la vida de nuestra esposa, de nuestros hijos, de nuestros amigos. En ocasiones las personas tienen problemas en sus relaciones porque quieren sentir que son la persona más importante en la vida del otro. Es por esta razón que hay esposos o novios que sienten celos cuando su pareja dedica mucho tiempo a servir al Señor y en lugar de ser un apoyo para su ministerio, se vuelven un estorbo. Entregar a nuestros seres amados a Dios, no significa renunciar a ellos, sino reconocer que Dios ocupa un lugar más importante en las vidas de ellos que nosotros mismos. La Palabra de Dios nos enseña que el verdadero amor no esclaviza, sino que hace libre a la otra persona. Cuando ponemos en orden correcto nuestras relaciones de amor, toda nuestra vida cambia.

[[[Pregunte a la clase: ¿Es correcto orar para que mi esposo/a, hijos, nietos y amigos, lleguen a amar a Dios más que lo que me aman a mí?]]]

Sí, si oro de esta manera, significa que también voy a dar mi apoyo cuando alguien de mi familia necesite tiempo o ayuda para servir al Señor, aunque eso signifique, por ejemplo, que Dios lleve a mis hijos o nietos como misioneros a un país lejano. Las relaciones en la vida del cristiano no son para su propio provecho sino para servir por medio de ellas al Señor.

Los **prejuicios** están presentes en la vida de todas las personas. A cierta iglesia llegaron dos hermanas cristianas que buscaban un lugar donde congregarse. Hablaron con el pastor después del culto acerca de su deseo de continuar asistiendo. El pastor al ver que estaban vestidas humildemente les preguntó: ¿a qué se dedican ustedes? Ellas respondieron que eran empleadas domésticas y que servían en una casa del vecindario. El pastor les dijo que lamentaba mucho decirles que los miembros de la junta no aceptaban que se recibieran como miembros a personas de una clase social "baja", ya que este era un barrio de clase alta y ellos creían que si permitían que gente pobre asistiera, estarían alejando a otros ricos que podrían llegar a estar interesados en venir a la iglesia.

Quizás no tengamos prejuicios raciales o sociales tan extremos como este, pero… ¿tenemos ideas formadas en cuanto a cómo se debe adorar, o cómo debe obrar Dios en la vida de una persona? El problema de nuestros prejuicios es que en realidad no se basan en enseñanzas de la Palabra, sino en nuestras preferencias, en nuestras experiencias buenas o malas o en lo que otros han dicho. Los prejuicios son malos cuando ponen límite al actuar de Dios.

Las **ambiciones** incluyen metas, propósitos, esperanzas y sueños. Son importantes porque nos conducen a la realización. Las ambiciones nos dan esperanza, nos guían a un futuro mejor, nos animan para trabajar fuertemente y esforzarnos por lo que deseamos.

Lo malo de algunas de nuestras ambiciones se encuentra en la motivación que las impulsa. Cuando la motivación es egoísta, tiende a atraparnos y hacernos sus esclavos. Muchas de nuestras ambiciones buscan traer honra a nosotros mismos revelando pecado de orgullo, es por eso que es tan difícil admitirlas. El Espíritu de Dios quiere guiarnos a morir a estas ambiciones egoístas y cultivar las ambiciones que honran al Señor y procuran extender Su reino. ¿Cómo podemos entonces distinguir las ambiciones buenas de las malas?

⊙ Pida a los alumnos completar la actividad 3 dónde encontrarán una guia para evaluar sus ambiciones.

Los **deberes y las deudas** que asumimos en la vida también pueden llegan a esclavizarnos. El Espíritu Santo quiere obrar en nosotros produciendo un sentido del deber respecto a nuestras tareas cristianas fundamentales. En ocasiones nos hace ver si estamos invirtiendo tiempo en actividades para las cuáles no estamos capacitados o para las que no nos ha llamado. Este es un aspecto difícil, sobre todo para aquellas personas responsables, que no quieren decir que no cuando les solicitan ayuda. Pero en realidad debemos asegurarnos de estar invirtiendo nuestra vida en aquello para lo que Dios nos ha llamado y nos ha dado dones.

⊙ Pida a varios alumnos que lean Mateo 16:21 y 16:23, Marcos 10:32.

En reiteradas ocasiones Jesús uso la frase "es necesario" para explicar porque hacía una cosa y no la otra (Juan 9:4). Jesús tenía un sentido del deber que le guiaba desde el comienzo de su ministerio y nunca cambió de rumbo. Jesús siempre se mostró firme para cumplir con sus deberes y fue inflexible en esto. Nosotros podemos conocer la voluntad de Dios para nuestra vida mediante los mandamientos de su Palabra, por medio de la oración, por medio de los líderes que Dios pone sobre nosotros y del consejo de buenos cristianos. Debemos librarnos de los deberes superfluos que se basan en la compulsión y nos atan las manos para servir a Dios en asuntos eternos.

En la lección 5 hemos hablado de la esclavitud que presentan las deudas y la acumulación de bienes y sobre cómo el tomar una actitud de administrador, en lugar de propietarios, nos ayuda a poner los bienes y el dinero en su justo lugar. Jesús no poseía nada más que la ropa que llevaba puesta. Este es un estilo de vida muy difícil de comprender para nosotros, pero aún así debemos tomar la decisión de no aferrarnos a nuestras posesiones para que estas no sean un impedimento para servir al Señor, o para entregarlas a Su obra cuando Él las solicite.

b. Esferas dañinas

Para finalizar veamos las esferas dañinas de la mente esclavizada por el orgullo. Todas las esferas anteriores (que llamamos neutrales) pueden ser buenas cuando son transformadas y restauradas según la mente de Cristo, pero las que veremos a continuación deben ser erradicadas.

La primera área de peligro son nuestros temores. Los temores se originan por lo general en nuestro deseo de protegernos. Temor respecto a perder el trabajo, temor por la familia, temor al futuro, temor a envejecer... todos ellos revelan falta de confianza en Dios, es decir falta de fe. Los temores son una de las áreas más difíciles de vencer, sobre todo para aquellas personas que han sufrido actos de violencia, abuso, o abandono. No obstante la voluntad de Dios es que vivamos una vida sin temor.

▌▌▌ Lea Filipenses 1:20,21 y pregunte a la clase: ¿En qué momento de su vida había alcanzado Pablo esta plena seguridad? ▌▌▌

Pablo había alcanzado esta confianza al final de su vida. Ni aún el temor por la tortura y la muerte le hicieron dudar de que todos los sucesos de su vida estuvieran bajo el control de la mano de Dios. Frente a la posibilidad de la muerte mostró una valentía que no venía de sus propias fuerzas sino que le era impartida por el Espíritu Santo que habitaba en él. Pero este valor y confianza no son sólo para Pablo sino para todos los hijos de Dios: *"No nos ha dado Dios espíritu de cobardía, sino de poder, de amor y de dominio propio"* (2 Timoteo 1:7).

Cuando nosotros entregamos nuestra vida por completo en las manos del Señor comenzamos a experimentar un extraordinario sentido de seguridad. El cristiano poco a poco va siendo transformado para sentirse más y más seguro en Cristo.

Las debilidades representan otra esfera dañina de esclavitud. En ocasiones nos excusamos diciendo que son características heredadas de nuestros padres o de nuestra cultura. Una debilidad puede ser por ejemplo la timidez, o hablar demasiado rápido, o tener miedo a hablar en público, o evitar ver a la gente a los ojos, o ser demasiado sensible, o ser demasiado indiferente, etc. Satanás usa nuestras debilidades para desanimarnos y frenar nuestro servicio al Señor.

⬥·····o Pida a un alumno que lea 2 Corintios 12:9-10. Pregunte a la clase: ¿Cómo considera Dios a nuestras debilidades, como un obstáculo o como una oportunidad para mostrar su poder?

Las debilidades no son consideradas obstáculos para Dios, por el contrario, Él las convierte en vehículos para dar muestras de su poder.

Por último, veamos las ofensas y los rencores, otra esfera dañina que requiere ser resuelta en nuestra vida. Como vimos en las lecciones anteriores no hay lugar para el odio y el rencor en la vida de los hijos de Dios.

⬥·····················o Pida a un alumno que lea Mateo 5:43-44.

Perdonar, y amar a quienes nos han lastimado, es por cierto la esfera más difícil en la vida de cualquier cristiano. De hecho, muchos no alcanzan a renunciar a estos pensamientos negativos hasta que han pasado un tiempo creciendo en las otras esferas. Todas las personas somos ofendidas alguna vez en la vida, pero el poder de Dios puede convertir en amigos a nuestros enemigos. La oración por los que nos han herido nos prepara a nosotros y a ellos para la reconciliación.

⬥·····o Pida a los alumnos que completen la actividad 4 y luego reúnalos en grupos de 3 o 4 para compartir testimonios e ideas de cómo crecer en estas áreas y para orar unos por otros.

Definición de términos claves

- **Instinto:** tendencia o inclinación natural, como ser instinto de supervivencia, instinto de reproducción.
- **Prejuicios:** tomar una posición sobre hechos, personas o ideas en base a lo que otros dicen o a experiencias anteriores, o debido a la influencia familiar o social.

Resumen

Nuestra meta en la vida cristiana es llegar a ser como Cristo. La voluntad de Dios para nuestra vida es que cultivemos la mente de Cristo. Es Dios quien hace posible que nosotros deseemos ser como Jesús y es Él quien hace posible que podamos llevarlo a cabo. Nuestra función en el proceso es rendir nuestra voluntad, aprender a pensar y a vivir como Cristo, estudiando todos los aspectos de Su vida y siguiendo Su ejemplo.

Hoja de Actividades

ACTIVIDAD 1

Lea Juan 7:38 y escoje entre las siguientes opciones ¿A qué debe ser semejante la vida del cristiano?

___ a un charco de agua estancada

___ a un río limpio

___ a un pozo para guardar agua

___ a un pantano

___ a un manantial

ACTIVIDAD 2

¿Cuáles son sus valores? Señale en la siguiente lista con X las 10 palabras que representan aquellas cosas más valiosas para usted. Luego señale con el número 1 aquella de las diez que es la más importante.

Afecto (cariño, amor, cuidado de otros o por otros).	Ayudar a los demás	Fama (llegar a ser muy conocido).	Logros personales (sentimiento de haber logrado algo).	Salud (mental y física).	Orden (tranquilidad, estabilidad).
Amistades (relaciones cercanas con otros).	Capacidad económica (tener dinero, cosas de valor).	Familia	Placer (diversión, entretenimiento, disfrutar de la vida).	Seguridad social	Paz interior (estar en paz consigo mismo).
Amor propio (orgullo por logros, realización personal).	Originalidad (desarrollo de nuevas ideas).	Integridad (honestidad, sinceridad).	Poder (control, influencia).	Sentido de aceptación (sentirse amado por el novio o novia).	Vida espiritual (relación con Dios).
Avance laboral (ascensos, promociones).	Desarrollo personal (uso de potencial como persona).	Lealtad (obediencia, deber).	Posición social (status, respeto de los demás).	Competencia (ganar, tomar riesgos).	Pareja (novio o conyuge).
Aventuras (nuevas experiencias desafiantes).	Estabilidad económica	Libertad (independencia, autonomía).	Responsabilidad personal	Cooperación (trabajo en equipo).	Otro:

(Adaptado de http://www.moww.org/HSPrep/lessons/7.val/bvall.html

En base a su elección reflexione: ¿Son estos los mismos valores que tenía Jesús? Si tu respuesta es no... ¿Qué debería comenzar a hacer esta semana para reenfocar sus valores en Dios?

_____

ACTIVIDAD 3
Responda: ¿Cuáles son las metas para su vida en los años futuros? Y luego: ¿Qué le gustaría haber logrado al final de su vida? Es importante que sea sincero en sus respuestas, para poder evaluar luego sus metas.

Mis metas para este año y los años futuros son...

_____

_____

_____

_____

_____

Los logros que espero alcanzar para el final de mi vida son...

_____

_____

_____

_____

_____

Evalúe sus metas de acuerdo a esta escala del autor Keith Drury. Para ello coloque la letra A, B, C. D o E según corresponda en cada una de las metas que ha escrito anteriormente.

A. Ambición santa, es aquella que obedece al llamado de Dios para tu vida. Algo de lo que estás seguro que Dios quiere que logres y cuyo éxito traerá gloria a Dios y ayudará a extender su reino.

B. Aspiración humana, es aquella que revela aspiraciones para tu vida y que muestran tu deseo de hacer algo bueno, algo que sea un aporte positivo en este mundo, algo que deje algo noble y de valor a la próxima generación. Dios nos ha dado potencial para desarrollar a cada uno y es bueno que invirtamos y multipliquemos nuestros talentos. Estas aspiraciones no son malas, ni pecaminosas.

C. Ambición egoísta, es aquella cuyo objetivo es satisfacer deseos egoístas, como deseo de poder, de fama, de reconocimiento o de éxito. Esta clase de ambición es mala porque se hace cualquier cosa para lograrla: pasa por encima de la amistad, por encima de la ética, utiliza a la gente.

D. Motivación mixta, es aquella en la cual se entremezclan los buenos propósitos con una dosis de intereses egoístas.

E. Motivación degenerativa, es aquella que pudo haber comenzado como una motivación santa o humana, pero que con el tiempo se dejó llevar por la motivación egoísta.

ACTIVIDAD 4.
Evalúese en cuanto a cómo ha crecido en las áreas neutrales o dañinas de su vida. Coloque a la par de cada una un número del 1 al 5, siendo el 1 lo más bajo (es decir no ha crecido) y el cinco lo más alto (lo ha superado ya). Subraye luego las áreas en que debe poner más atención y cuidado en su vida. Luego reúnase con el grupo para compartir ideas y testimonios de cómo superar estas ataduras y para orar unos por otros.

Esferas neutrales	Esferas dañinas
___ Pasiones	___ Temores
___ Costumbres	___ Debilidades
___ Lealtades	___ Ofensas y rencores
___ Relaciones	
___ Deudas	
___ Bienes	
___ Deberes	
___ Ambiciones	
___ Prejuicios	

LECTURAS RECOMENDADAS

Marcos 14:32-42

San Juan 12:27-28

Romanos 8:28-39

2 Corintios 3:1-18

Filipenses 4:1-9

1 Pedro 2:11-25

www.ingramcontent.com/pod-product-compliance
Lightning Source LLC
Chambersburg PA
CBHW081512040426
42447CB00013B/3201